JN392868

성령의 은사 치유

잭 해이포드 편집 | 나다니엘 밴 클리브 지음 | 정인석 옮김

God's Way to Wholeness:

Divine Healing by the Power of the Holy Spirit

쿰란출판사

성령의 은사 치유

God' s Way to Wholeness:
Divine Healing by the Power of the Holy Spirit
Copyright © 1993 by Jack W. Hayford
Korean edition © 2010 by Qumran Publishing House
All rights reserved.

역자 서문

하나님의 크신 은혜와 섭리로 부족한 사람이 도미하여 오랄로버츠 신학대학원에서 신학 공부를 마치고 귀국한 지도 벌써 십수 년이 흘렀다. 미국 최초의 TV 방송 설교자이며 치유목회자인 오랄로버트 목사님이 세운 학교에서 치유 목회에 관하여 박사 학위 논문을 준비하면서 이 책을 번역하였다.

한국에 돌아와 교회를 맡아 사역하며 두 번의 교회 개척을 하는 중에 여러 신학교에서 강의하느라 분주한 가운데 이 원고가 책장에서 빛을 보지 못하였다. 그러던 중 내게 이 책의 원고가 있다는 이야기를 듣고 이 책을 출판해 주겠다는 제안을 받게 되었다. 참으로 반가운 소식이었다.

이 책은 신유에 대해 연구하면서 읽은 책 중에서 하나님의 치유하심에 대하여 훌륭히 다룬 몇 권의 책 중 하나이다. 지금 그 어느 때보다도 교회는 물론이거니와 교회 밖에서 하나님의 만져 주심이 필요한 이때에 이 책이 세상에 나오게 된 것은 참으로 다행스러운 일이다.

신유에 대한 많은 책이 있지만 이 책은 신유를 성서적으로, 신학적으로 잘 이해할 수 있도록, 또 믿고 간구하게 함으로써 신유를 경험할 수 있도록 실제적인 도움을 준다. 그렇기 때문에 독자들은 이 책을 통하여 신유에 대해 해박한 지식을 갖게 되며, 또 신유를 경험하기 원하는 자들은 저자의 진심어린 충고를 듣게 된다.

이 책의 저자 나다나엘 밴 클리브(Nathaniel Van Cleave) 박사는 목사요, 선교사이며, 여러 신학 대학에서 강의하는 교수이며, 또한 한국에 소개된 《오순절 신학의 기초(Foundation of Pentecostal Theology)》의 저자 중 한 분이다. 그는 신유에 대해 연구하고 가르치는 학자이다. 그는 신유에 대해 스스로에게 질문을 던지고 그 해답을 찾아 성서를 온통 파헤치고, 치유 사역의 현장에서 살았다.

그러므로 그는 독자들에게 신유에 대해 단순하게 믿으라고 말하지 않고, 자신의 믿음의 근거를 성경 말씀을 기초로 하여 신학적으로 제시한다. 그리고 그 독자들을 위하여 교재에 배경 설명, 연구 과제와 심층 연구라는 난을 만들어 자신이 연구한 내용들을 설명하고 있다. 이 책은 오순절 계통의 신학교와 교회에서 신유에 관한 연구교재로 쓰인다.

저자는 아울러, 오순절 교회에 잘 알려진 치유 사역자이다. 그는 독자들이 배운 것을 삶에 적용할 수 있도록 가이드라인을 제시한다. 이것들은 치유 사역에 대한 그의 풍성한 경험에 의한 것이다.

한국 교회에 치유 목회에 대한 관심이 점점 커져가는 이때에, 신유에 대해 여러 신학교에서 강의하며 치유 사역을 하고 있는 역자가 이 책을 한국에 소개하게 되어 기쁘다. 새삼스럽지만, 같은 대학원에서 함께 어려운 유학 생활을 하며 아내로서, 가정주부로서 또 학생으로서 바쁜 가운데서도 번역을 도와준 아내와, 꼼꼼히 원고 교정을 위해 수고해 준 유학 동기이자 친구인 이진희 목사, 그리고 이 책이 출판되기까지 수고를 아끼지 않으신 쿰란출판사 사장님께 감사의 마음을 전하고 싶다.

이 한 권의 책이 아직도 질병의 문제를 안고 씨름하는, 그리스도 안에서 형제자매된 이들의 치유를 바라며, 기도하는 목회자들이 신유의 은혜를 체험하는 데 조금이나마 도움이 되기를 기도한다.

2010년 7월 20일

대전 시내가 한눈에 내려다보이는 도솔산 기슭에서

역자 정인석

추천의 글

오늘도 하나님께서는 병든 자를 고치고 계십니다. 하나님의 치유는 병든 자에게 베푸시는 은혜입니다. 하나님의 만져주심을 경험하는 영적인 체험입니다. 때문에 신유에 대한 말만 들어도 가슴이 설레고 머리부터 발끝까지 흐르는 영적 전율을 느끼게 되는 것입니다. 하나님께서 치유를 통해 나타내실 영광으로 말미암아 우리의 입술이 열리고 찬양과 감사의 노래가 흘러나오게 되는 것입니다.

이것은 이 책이 성도를 온전하게 하고 성령 충만한 삶을 살도록 도와주기 위해 기획된 영성훈련 교재시리즈 《*The Spirit Filled Life*》의 핵심교재 중 하나가 된 이유입니다.

병 고침을 받은 사람에게는 신유가 기적이지만, 치료자이신 하나님께는 세상을 향하여 흘려보내는 자연스러운 사랑의 강물인 것입니다. 강물이 말라버린 대지를 적시면 만물이 소생하고 생명의 기운이 충만해지는 것처럼, 하나님의 사랑의 강물은 죽었던 영혼을 살리고 병들어 죽어 가던 육체가 새 힘을 얻어 고침을 받게 하는 것입니다.

하나님께서는 인간의 타락에도 변함없이 세상을 사랑하셨기에, 세상을 구원하기 위해 예수 그리스도를 보내시고 영생에 이르는 길을 내셨습니다. 그리고 주의 몸 된 교회를 통하여 몸과 마음을 소성케 함으로써 장차 얻게 될 육체의 부활에 대한 소망을 맛보게 하셨습니다.

본서는 하나님의 치유에 대한 신학적인 근거를 제공해주며, 신유를 기대하게 하고, 신유에 대한 믿음을 키우도록 도와주는 책입니다. 본서는 신유에 대한 신학자들의 견해를 언급하기보다는 성경을 통하여 신유를 기대하게 하는 성령 하나님의 음성을 듣게 해줍니다. 치유의 기적을 경험하기 원하는 병든 자나 치유사역자들이 실제로 어떻게 준비해야 하며 기대하고 기도해야 하는지, 또한 치유사역을 해야 하는지에 대한 구체적이고 실제적인 지침을 담고 있습니다. 여러분이 이 책을 읽는 동안 성령님께서는 하나님의 능력에 의한 치유를 구하도록 여러분을 강권하실 것입니다.

저자인 벤 클리브 박사는 제가 신뢰하고 존경하는 신학자요, 교수이자 목회자이고 국제복음교회의 총회 신학교에서 오랫동안 함께 일한 동료이기도 합니다. 저자는 이미 더필드와 함께 쓴 《오순절 신학의 기초》에서 오순절 신앙과 신학을 세우는 데 중요한 기초를 제공한 바 있습니다. 본서에는 저자의 신학적 연구와 수십 년간 목회 현장에서 치유사역을 하면서 얻은 다양한 경험들이 기술되어 있습니다.

지금은 저자가 그 거처를 하늘나라로 옮겨 만날 수는 없지만, 교회와 병든 자들을 향한 그의 사랑과 열정이 깊이 배어 있는 이 책은 저뿐만 아니라 이것을 읽는 여러분에게도 하나님의 귀한 사랑의 선물이 될 것입니다.

특별히 한국인 독자들에게 이 책을 자신 있게 추천하게 된 이유는 이 책의 번역을 정인석 목사가 맡았기 때문입니다. 그는 신유부흥사로 전 세계에 널리 알려진 오랄 로버트 목사님이 세운 Oral Roberts University 신학대학원에서 목회학 과정을 공부했고, 신유에 대한 연구로 박사학위를 받은 치유사역자이기에, 저자가 말하고자 하는 의도를 그 누구보다 잘 전달하였을 것으로 믿습니다.

이 책이 치유의 기적을 소망하는 이들이나 교회 그리고 치유사역자들에게 도움이 되고, 주님의 역사하심을 통하여 하나님께서 큰 영광을 받으시기를 기대합니다.

2010년 7월 20일

국제복음교회(International Foursquare Gospel Church) 총회장

King's College and Seminary 창시자

잭 해이포드(Jack W. Hayford)

예수님께서 공생애 기간 동안 하신 사역을 마태복음은 설교(Preaching), 교육(Teaching) 그리고 치유(Healing)로 요약하였습니다. 예수님의 삼중사역 중에서 치유는 병든 자들을 향한 하나님의 사랑을 눈으로 보고 느끼고 만질 수 있도록 해 줍니다. 뿐만 아니라 예수님이 우리의 구세주이시며, 그분의 말씀이 진리라는 것을 증거하고 있습니다.

예수님은 첫 사람 아담의 타락으로 말미암아 죄로 죽을 수밖에 없는 우리를 온전하게 회복시키고 치료하기 위하여 세상에 오셨습니다. 그리고 주님은 기사와 이적을 행하심으로 병자를 치료하셨을 뿐만 아니라 제자들을 불러 자신과 같은 일을 하도록 명령하셨습니다.

제자들은 예수님이 부활 승천하신 후에 하나님의 약속을 믿고 간절히 기도하는 가운데 예수님께서 보내신 성령세례를 받았고, 이때부터 세상으로 나아가 예수님이 하신 것처럼 병자들을 고치고 귀신을 쫓아내며 복음을 전하였습니다.

제자들은 예수님께서 주신 권세를 사용하여 예수의 이름으로 병자에게 손을 얹거나 치유를 선포하였고, 성령은 저들 가운데 놀라운 기적과 역사를 일으켰습니다. 교회사를 통하여 볼 때 비록 약해진 때도 있었지만, 치유의 기적의 불길은 그때부터 지금까지 단 한 번 꺼지지 않고 계속해서 활활 타오르고 있습니다.

추천의 글

성령의 치유의 역사가 교파를 초월하여 전 세계적으로 일어나고 있는 이때에 나다나엘 밴 클리브 박사의 《*God's Way to Wholeness: Divine Healing by the Power of the Holy Spirit*》이 한국어로 번역된 것은 매우 반가운 일입니다. 신유에 관한 책들이 많이 출간되었지만, 이 책은 신유에 대하여 깊이 알고자 하고 또한 실제로 치유를 위하여 기도하고자 하는 성도들이나 치유사역자들에게 꼭 필요한 책입니다.

저자는 정통 오순절 신학자이며 신학교 교수로서 신유에 대해 깊이 연구하였을 뿐만 아니라 오래전부터 신유사역을 감당해오던 분입니다. 그는 오랜 목회 현장에서 다양한 치유사역을 경험하였습니다. 그러한 경험을 바탕으로 해서 그는 신유에 대해서 성경과 신유와 관련된 자료들을 연구하여 13개의 주제에 맞추어 다루었습니다. 그러기에 이 책은 하나님의 치유에 관한 지식들을 충분히 제공해 줄 것이며, 독자들이 신유를 위한 올바른 행동을 하도록 이끌어 줄 것입니다.

아울러 이 책이 정통 오순절교회인 대한예수교 복음교회(Foursquare Gospel Church)에서 신앙생활을 하고, 신학을 공부하여 미국 Oral Roberts University에서 목회학 석사, 박사학위를 취득한 정인석 목사가 번역하였기에 이 책을 적극 추천합니다. 역자는 신유를 학문적, 신학적으로 또, 성서적이며 역사적으로 배웠고, 지금도 치유사역을 하고 있는 치유사역자입니다. 그뿐 아니라 성서적이고 실제적인 신유에 대한 교과서요, 지침서와 같은 《위대한 의사, 예수 그리스도》(쿰란출판사)의 저자이기도 합니다.

아무쪼록 이 책이 널리 읽히고 보급되어 병자들이 신유에 대한 믿음을 가지게 되고, 교회가 적극적으로 치유사역을 함으로써 성령께서 일으키시는 기적과 이사를 보다 많이 경험하게 되기를 기대해 봅니다. 치료의 하나님은 병든 자들을 치유하셨고, 지금도 교회를 통하여 치유하고 계시고, 다시 오실 그날까지 치유하실 것입니다.

2010년 7월 20일

복음신학대학원 대학교 총장

임열수

차 례

제 1 장

치유와 하나님의 언약들

(출 15:26; 약 5:13~18)

얼마 전 한 교회의 기도회에서 한 목사님이 새신자의 기도를 듣게 되었는데, 그 내용은 이런 것이었다.

“오 하나님, 제발 무엇이라도 해주십시오. 제발 무엇이라도 해주시기 바랍니다!”

목사님은 그의 기도를 방해하지 않고 있다가 기도회가 끝난 후에 그 젊은이와 상담을 하면서 이렇게 말했다.

“젊은이, 당신은 하나님께 그렇게 막연히 기도할 필요가 없습니다. 그분은 언약을 세우시고 지키시는 하나님이십니다. 당신은 그분에게 요구할 수 있고, 또 주님으로부터 그의 거룩한 말씀 안에 계시된 그분의 귀중한 축복과 은혜를 받을 수 있습니다. 성경에는 수백 가지의 약속들이 포함되어 있습니다.”

언약(covenant)에 대한 사전적 정의는 이렇다. "두 사람 또는 그 이상의 당사자 사이에 특정한 행동을 수행하거나 자산의 양도를 위해 맺는 하나의 공식적이며 구속력이 있는 계약으로써 대체적으로 조건이 붙어 있다."

사실상 성경은 하나님께서 그의 백성들을 위하여 일정한 조건하에 행동하실 것을 나타낸 하나의 계약이다. 많은 학자들은 구약성경과 신약성경(Old and New Testament)이라는 용어보다 옛 언약과 새 언약(Old and New Covenant)이란 용어를 좋아한다. 구약은 사실 조건적이거나 무조건적인 여러 개의 더 작은(lesser) 언약들을 포함하고 있다. 출애굽기 15장 26절에서 하나님께서는 그의 백성들과 치유의 언약을 세우신다.

> "모세가 홍해에서 이스라엘을 인도하매 그들이 나와서 수르 광야로 들어가서 거기서 사흘 길을 행하였으나 물을 얻지 못하고 마라에 이르렀더니 그곳 물이 써서 마시지 못하겠으므로 그 이름을 마라라 하였더라 백성이 모세를 대하여 원망하여 가로되 우리가 무엇을 마실까 하매 모세가 여호와께 부르짖었더니 여호와께서 그에게 한 나무를 지시하시니 그가 물에 던지매 물이 달아졌더라 거기서 여호와께서 그들을 위하여 법도와 율례를 정하시고 그들을 시험하실새 가라사대 너희가 너희 하나님 나 여호와의 말을 청종하고 나의 보기에 의를 행하며 내 계명에 귀를 기울이며 내 모든 규례를 지키면 내가 애굽 사람에게 내린 모든 질

> 병의 하나도 너희에게 내리지 아니하리니 나는 너희를 치료하는 여호와임이니라 그들이 엘림에 이르니 거기 물샘 열 둘과 종려 칠십 주가 있는지라 거기서 그들이 그 물 곁에 장막을 치니라"(출 15:22~27).

구약성경의 치유 언약이라고 부르는 이 본문에서 주 하나님께서는 치유의 언약을 세우실 뿐 아니라 그분 자신을 '여호와 라파'로 나타내신다. 주님은 "나는 치료하는 여호와이며, 이것이 나의 이름이다"라고 말씀하신다.

구약성경(옛 계약)에서 우리는 적어도 하나님의 복합적인 이름 아홉 개를 찾을 수 있는데, 이것들 각자는 특별한 하나님의 본성의 일면을 나타낸다. 그밖에 하나님의 본성과 계약 관계를 나타내 주는 복합적인 이름들이 있다. '여호와 이레'(준비하시는 하나님), '여호와 치드케누'(의로우신 하나님), '여호와 로이'(목자이신 하나님) 등이다. '여호와 샬롬'(평강이신 하나님), 그리고 '여호와 체바오트'(만군의 여호와). 주 하나님이 본래 어떤 분이셨든지 간에 관계없이 —하나님께서 우리에게 알려 주신 이름들을 통해서 우리는 그분의 본성을 알 수 있다— 하나님은 항상 그의 백성들과 관계를 맺으시는 분이다.

출애굽기 15장 안에 있는 이 계약에서 우리는 주께서 그의 백성들을 치유하시는 것을 결코 멈추지 않으실 것임을 알 수 있다. 물론 우리는 이 약속이 조건적이라는 것에 주목하여야 한다. 치유를 받기 위하여 우리는 그의 요청에 반드시 순종해야 한다.

구약성경의 치유 언약에 있어서 치유의 역사가 나타날 수 있는 조건들이 무엇인가를 살펴보는 것은 우리에게 도움이 되는데, 여기에는 네 가지 조건이 있다.

1) 하나님의 음성을 들으라(Listen).
2) 하나님의 보시기에 옳은 일(의로운 행위)을 행하라(Do).
3) 하나님의 명령에 귀를 기울이라(Give ear).
4) 하나님의 모든 법규를 지키라(Keep).

• 여기서 말하는 네 가지 조건을 오늘 당신의 삶에 어떻게 적용할 것인지 당신 자신의 말로 간결하게 써 보라.

1)
- -

- -

2)
- -

- -

3)
- -

- -

4)
- -

- -

마지막 두 가지 조건은 사실상 하나로 만들 수 있다. “모든 하나님의 명령과 율법을 듣고 지키라.” 명령과 율법은 동의어로 볼 수 있는데, 그 실례는 시편 119편 105~112절로 이 시편은 하나님의 거룩한 말씀을 아는 것과 그 말씀대로 사는 것에 관한 구절이다. 이 구절에서 **말씀, 법도, 교훈** 그리고 **규례**는 하나님의 백성들이 지켜야 할 하나님의 계시된 하나님의 의지(뜻)를 나타내는 동의어들이다. 따라서 이 구절은 시편 기자의 육체적, 영적 치유를 위한 기도임이 분명하다(참고 107절). 그는 하나님의 말씀대로 행동할 것과 그의 규례를 지킬 것을 서약하면서 간구하였는데, 이것은 구약의 치유의 언약과 일치한다.

신약의 믿는 자들에게 치유 언약의 조건들을 충족시키는 것은 하나님의 말씀을 따라 살아감을 의미한다. 만약 우리가 신유를 위한 강한 믿음을 가지려면 우리 마음 안에 하나님의 말씀이 담겨 있어야 할 뿐만 아니라 성령의 도우심을 따라 말씀이 인도하는 대로 살아야 한다.

용어 설명

고치다(heals)—라파(rapha). 치료, 치유, 건강이 회복 또는 호전되는 것. 라파의 분사형 '로페'(rophe)는 '치료하는 사람'으로, 히브리어로 의사를 말한다. 히브리어 동사 '라파'는 근본적으로 육체적 치유를 가리킨다.

어떤 사람들은 신유의 성경적 가르침을 떠나 설명하려고 하지만, 사실 이 단어는 육체적 질병과 그에 대한 신적인 치료 모두를 말한다. 성경에서 '라파'에 대한 첫 번째 언급은 창세기 20장 17절에 나오는데, 문둥병과 종기로부터의 치유와 같은(레 13:18; 14:3), 육체적 상태의 치료를 뜻하는 것임에 의심의 여지가 없다. 성경은 분명하게 말씀하고 있다. "나 여호와는 너의 치료자이다."[1)]

• 창세기 20장 17절에서 다른 사람을 위하여 하나님께 기도한 사람은 누구인가?

• 그 기도의 결과는 어떤 것이었는가?

• 시편 6편의 저자 다윗은 무엇을 기도하였는가? 또 그 결과는 어떤 것인가?

• 하나님께서는 어떻게 시편 30편에 나오는 시편 기자의 기도에 응답하셨는가?(3절)

---

1) *Spirit-Filled Life Bible* (Nashville, TN: Thomas Nelson Publishers, 1991), 105, "Word Wealth: 15:26 heals."

배경 설명

출애굽기 15장 26절에 주어진 치유 언약은, 하나님께서 우리에게 주시는 중요한 영적 교훈이 들어 있는 역사적 사건과 관련되어 있다. 이스라엘 백성은 애굽의 바로에게서 기적적으로 벗어나 홍해를 건넌 다음 광야로 들어갔다. 그리고 그들은 3일 동안 물 없이 광야 길을 여행하고 마침내 '마라'라 부르는 오아시스에 도착했다.

마라에는 물이 있었으나 그 물이 써서 먹을 수 없었다. 그러자 백성들은 모세와 하나님을 원망하였다. 그때 중재자 모세가 하나님께 부르짖었더니 하나님께서 한 치료의 나무를 보이셨고, 그 가지를 물에 던지자 물이 달아졌다. 하나님은 쓴 맛을 치료하셨다.

마라의 쓴 물은 인생의 쓴 경험들을 상징하는 것으로, 그 가운데는 병도 포함된다. 때때로 이와 같은 쓴 경험의 일종인 병을 통해서 하나님께서는 우리에게 믿음과 인내를 가르치신다. 우리가 하나님께 부르짖을 때, 그분은 쓴 물을 단물로 변하게 하는 치료의 가지를 공급하여 주신다.

하나님께서는 쓴 물을 치료하실 뿐 아니라 그들이 야영할 수 있도록 물 샘 열 둘과 종려나무 70그루가 있는 엘림으로 인도하셨다. 즉 하나님은 그의 백성을 홍해에서 마라로, 거기서 엘림으로 인도하신 것이다. 그러므로 하나님은 모든 것이 합력해서 선을 이루도록 하신다. 만약 당신의 마라가 병이라면, 여호와 라파의 하나님은 엘림을 가지고 당신을 기다리고 계신다.

- 모세를 원망하는 백성들의 죄는 무엇인가?(롬 14:23)

- 백성들은 불평하기 전에 무엇을 해야 했는가?

- 인간에게 있어서 쓴 맛이나 불평의 실례를 생각해 보고, 어떻게 그것들이 하나님의 넘치는 치유의 은혜에 방해가 되는지 생각해 보라.

신약성경의 치유 언약이라고 불리는 또 다른 주님의 언약은 야고보서 5장 13~16절에서 발견된다(본문을 읽으라). 신약성경에 있는 치유의 언약은 야고보서에 나오는데, 저자인 야고보는 예수 그리스도의 형제이다. 요한의 형제 야고보가 순교한 이후 예수의 형제 야고보는 사도 교회(역자 주: 초대 예루살렘 교회)의 지도자가 되었다(행 15장; 막 6:3). 예수의 형제요, 선도적 사도였던 야고보는 교회를 향한 주님의 계획을 확실히 알고 있었다.

어떤 교사들이 주장하는 것처럼 만약 신유가 곧 모든 기적과 함께 멈춰버렸다면, 성령의 영감을 받아 야고보서를 기록한 야고보가 병들어 고통당하는 교회의 병자를 치료하기 위하여 장로들에게 기도하라고 지시했을 리가 없다.

야고보는 오직 장로들의 기도만이 병을 치료하는 방법이라고 말하지 않았다. 사실 모든 치유는 하나님으로부터 직접 또는 간접적으로 온다. 하나님께서 사람을 질병으로부터 회복될 수 있게 만들지 않으셨다면 어떤 약도 소용이 없다. 그래서 야고보는 믿는 자들이 병들었을 때에 무엇보다 먼저 기도해야 한다고 말한 것이다.

또한 항생제와 같은 자연의 치료 물질들을 발견하고 적용하는 것도 하나님께서 다 생각하고 계셨던 것임은 의심할 여지가 없다. 믿는 자들은 결코 정밀한 의술들을 거부해서는(deprived) 안 된다. 그렇지만 온전하게 되기 위하여 믿는 자들은 무엇보다도 먼저 치유를 위해 하나님의 치유의 능력을 간구해야 한다. 의술을 베풀고 진료하는 중에 치료를 위하여 기도하는 것을 반가워하지 않는 양심적인 의사는 없다.

- 기도의 응답으로서의 직접적인 치유의 경험이 그리스도인들에게 무슨 유익이 있는가?

- 장로들의 믿음의 기도에 대한 응답으로 병든 교인이 치료되었을 때 그것이 그 교회에 어떤 유익을 가져오겠는가?

- 기도한 후 내과나 외과 진료를 받음으로써 교인이 병이나 수술로부터 주목할 만하게 회복되었다면, 이것이 교회를 위한

특별한 축복이 아니라고 할 수 있겠는가?

- 야고보가 말하는 치유에 대한 다양한 견해들에 대하여 살펴보자.

1. 병이 났을 때 기도하라.

"너희 중에 고난당하는 자가 있느냐 저는 기도할 것이요"(약 5:13).

바울은 데살로니가 교인들에게 "항상 기뻐하라 쉬지 말고 기도하라 범사에 감사하라 이는 그리스도 예수 안에서 너희를 향하신 하나님의 뜻이니라"(살전 5:16~18)고 말하고 있다.

만약 우리가 정규적이고 체계적인 기도의 습관을 지니고 있다면 기도는 우리에게 발생하는 모든 일에 대한 자연적인 반응이 된다. 어떤 사람은 이렇게 질문할 것이다. "만약 갑자기 긴급사태가 일어난다면 무엇을 하겠는가? 119 안전센터에 전화하는 것이 제일 먼저 해야 할 일이 아닌가?"

맞는 말이지만 우리는 전화할 때까지 계속 기도를 할 수 있다. 예수께서는 우리가 너무 말을 많이 해서 기도의 응답을 받지 못한다고 말씀하신다. 119 안전센터에 전화를 한 다음 구급차가 와서 실어갈 때까지도 우리는 계속 기도할 수 있다.

2. 이어서 야고보는 병들지 않은 사람들에게 "즐거워하는 자가 있느냐 저는 찬송할지니라"고 했다.

우리는 병든 자의 치유에 대한 가르침 가운데 들어 있는 이 충고를 어떻게 받아들일 것인가? 여기에는 적어도 두 가지 방법이 있다. 첫 번째, 만약 그들의 마음속에 찬송과 영적인 기쁨이 있다면 그들은 의심할 것 없이 보다 건강해지거나 병이 한층 줄어들게 된다. 대부분 상담자들의 긍정적인 태도는 건강에 유익하나, 반대로 두려움, 걱정, 분노, 의심, 그리고 다툼으로부터 오는 부정적인 마음은 여러 가지 질병을 가져올 수 있다.

두 번째, 즐겁게 찬양하는 건강한 교인들은 믿음이 약한 교인들의 믿음을 북돋아 주고, 그들로 하여금 위를 바라볼 수 있도록 하는 데 도움을 준다. 즐겁게 부르는 찬송은 정신을 고양시킬 수 있다. 기분 좋게 노래 부르는 사람들 중에 하나님으로부터 이미 그들의 병을 치유받은 사람들이 있다면, 그들의 즐거운 찬송은 병든 교인들에게 성령의 치유의 능력을 보다 더 강하게 믿는 데 도움을 줄 것이다.

- 주위에서 즐겁게 찬송하는 사람들 때문에 당신의 믿음이 향상된 경험이 있는가?

- 당신은 즐거워하는 사람들 가운데 있음으로 해서 우울해진 기억이 있는가?

----

3. 교회의 장로들을 청하라.

어떤 병든 사람들은 이 구절이 그들에게 "교회의 장로들에게 빌라"고 지시하는 것으로 본다. 그래서 누구에게도 자신의 상태를 말하지 않고서는 자신을 방문하는 사람이 없으면 모욕을 느끼며 때로는 목사나 교회가 그들을 무시했다고 비난한다.

야고보서 5장에 나타나는 언약은 병든 사람들 자신이, 또는 자신들을 위하여 다른 사람들이 장로들을 청할 책임이 있다고 말한다. 이 말은 병든 사람이 장로들을 꼭 찾아가야 한다는 말이 아니다. 원어인 헬라어 단어 '청하다'의 의미는 '오라고 말하다'이다. 장로인 야고보는 병든 사람에게 장로들을 집으로 부르라고 말하였다. 그러나 만약 병든 사람이 교회의 예배에 참석할 수 있다면, 그가 예배 도중이나 후에 장로들의 기도를 요청하는 것이 정당하다. 모든 교회에는 병든 사람들을 심방할 수 있는 사람들, 곧 병든 사람에 대한 치유의 확신을 갖고 기도할 믿음의 사람들과 성령의 은사를 가진 사람들이 있다.

현대에 있어서 '장로들'은 '목사들,' '전도사들,' '장로(평신도),' '집사들,' '심방 위원들,' 또는 믿음의 기도를 할 수 있는 사람들과 같은 뜻이라고 할 수 있다.

용어 설명

장로(elder). 프레스뷔테로스(presbuteros). '나이 많은 사람, 노인, 늙은 나이의 또는 경험으로 인도하는 사람.' 유대인의 회당의 지도

자를 장로라고 불렀으며, 교회도 같은 명칭을 사용했다(눅 7:3). 베드로는 자신을 장로라고 불렀다(벧전 5:1). 바울은 에베소 교회의 장로들을 불러 그들에게 마지막 일을 부탁하였다(행 20:17). 그리고 28절, 곧 양 무리의 목자인 장로들의 직무 명세서(job description)에서 장로들을 감독자들이라고 불렀다.

디도서 1장 5~7절에서 바울은 그레데 지방의 모든 교회에 장로들을 세우도록 디도를 훈계하면서 그들을 감독이라고 불렀다(7절). 장로들은 교회에서 감독의 직무를 가진 사람들이다. 디모데전서 5장 17절에서 바울은 디모데에게 장로들을 존경하되 특별히 말씀을 가르치는 이들을 더욱 존경하라고 말하고 있다.

보통 크기의 교회에는 일반적으로 몇 명의 장로들이, 큰 교회에는 많은 장로들이 있었다. 로마의 지배 아래 있던 신약성경의 교회들은 예배당을 지을 수 없었기 때문에 그들은 종종 교인들의 집에서 장로들과 각 가정 단위로 만났다(롬 16:5). 따라서 교회 전체가 함께 모일 때, 거기에는 여러 명의 장로가 있었다.

'장로'의 치유 목회와 영적인 은사의 관계를 살펴보자. 신약성경의 치유 언약이 들어 있는 야고보서에는 고린도전서 12장에 나오는 영적 은사들에 관한 언급이 없다. 하지만 적어도 고린도전서의 세 개의 영적인 은사들은 치유와 관련되어 있다. 첫 번째는 '치유의 은사들'(the gifts of healings; 역자 주: 흠정역 성경은 '병 고치는 은사'라고 번역했음)이다. 사실 **은사들(gifts)**이라는 단어와 **치유들(healings)**이라는 단어는 둘 다 복수이다. 이것은 은사가 어떤 개인이 아닌 교회 전체에 주어진 것임을 나타낸다. '은사들' 이라고 복수로 쓰여진 것은, 치유의 각 사례가 하나님의 영적인 교회를 통하여 부여하시는 하나의 은사임을 가리킨다. 성경에는 '병 고치는 은사'(gift to heal)에 대한 언급도 없고, 아무도 그러한 은사를 특별히 요구할 수도 없다.

두 번째 **카리스마**(charisma)는 '믿음' 의 은사라고 불린다. 즉 모든 믿음은 하나님으로부터 오는 은사이다. 성경학자들에 의해서 이 은사는 보통 '특별한 믿음의 은사' 라고 불린다. 이 은사는 사도행전 3장 2~9절과 14장 8~15절에서 나타난다. 베드로와 바울은 둘 다 기도를 통해 태어나면서부터 앉은뱅이 된 사람을 고쳤다. 두 경우 모두 사도들이 앉은뱅이들에게 일어나 걸으라고 명령했다.

고린도전서 12장에서 바울은 "능력들을 행함"이라고 부르는 또 다른 은사를 열거하고 있다. 다시 말해서, '능력들' 이라고 복수로 표현함으로써 이 은사 역시 개인에게 속한 것이 아니라 교회에 속한 것임을 나타내 준다. 사람들은 이 은사가 치유와는 다른 종류의 기적들을 나타낸다고 생각하는데, 예를 들어 죽은 도르가가 일어나는 것 같은 것이다(행 9:39~42).

때때로 "지식의 말씀"의 은사는 어떤 사람들이 어떤 종류의 질병으로부터 고통을 당하는지 아는 능력을 가리킨다고 말하지만, 그러한 특별한 기능에 관한 명백한 성경적 실례는 없다. 많은 성경학자들은 "지식의 말씀"의 은사는 가르치는 사람들의 사역을 의미한다고 믿는다.

사도행전을 살펴보라. 이 책에는 얼마나 많은 치유의 기적들이 있는가? 사도행전에서 교회의 장로들을 청하여 치유받은 사례들을 찾아 기록하여 보라(행 9:36~43과 같은 사례).

---

4. 오순절(Pentecostals)과 은사주의(charismatics) 신자들은 이 구절을 신유의 성례전을 위한 칭의와 연관시켜 이해하고 있다.

왜냐하면 그는 병자들에게 "주께서 저를 일으키시리라"라고 말하고 있기 때문이다. 야고보는 여기에서 죽음은 조금도 염두에 두고 있지 않았다. 가톨릭의 전통으로 야고보서 5장 13~15절을 '종부성사' (extreme unction)라고 부르면서, 그들은 이 구절이 사람이 죽기 직전에 기름을 바르는 성례전의 근거를 제공해 준다고 본다.

• 당신은 야고보서 5장 13~18절에서 세 가지 분명한 긍정적인 기도의 결과들을 발견할 수 있는가?

1)

---

2)

---

3)

---

5. 기름 바름의 의미와 목적은 무엇인가?

어떤 성경 교사들은 성서가 쓰여진 당시에는 기름이 의약적인 목적으로 사용되었으므로 기름을 병을 고치는 약으로 보기도 한다. 그러나 이 단어는 마가복음 6장 12~13절을 통하여 볼 때 분명히 상징적 의미로 사용되었다. 성경이 쓰여질 당시 사람들에게 기름이 어떤 목적에서 사용되었든지 야고보는 올리브 기름을 사용하지 않더라도 "믿음의 기도는 병든 자를 구원하리라"고 말하고 있다. 더 나아가서 우리가 만약 성경을 성령의 영감으로 쓰여진 책으로 믿는다면, 우리는 주께서 기름을 모든 종류의 질병을 위한 약으로 추천한 것이라고는 믿지 않는다.

기름은 성령의 역사를 상징하는 것으로 사용되었다. 이것은 치유가 기도하는 장로들의 능력이나 거룩함의 결과가 아니라 하나님의 영의 역사의 결과였음을 선언한다(행 3:11~16). 야고보는 성령의 영감을 받아서 기도와 기름 바름의 결과에 대하여 "주께서 저(병든 자)를 일으키시라"라고 말한다. 예수께서 장님의 눈에 진흙을 바르고 실로암 못에 가서 씻으라고 보내셨을 때 그는 말씀대로 순종하여 광명을 얻었다(요 9:6~12). 그러나 아무도 진흙이 눈먼 것을 치료하는 약이라고 생각하지 않는다. 진흙을 사용한 것은 상징이라는 것과 순종의 행동이라는 면에서 야고보서 5장에서 기름을 사용한 것과 같다.

지금 우리는 기독교인들이 의학을 이용하는 것이 잘못된 것이라고 말하는 것이 결코 아니다. 다만 치유 언약의 경우에 있어서는 기름에 치유의 속성이 있어서 기름을 바르라고 한 것이 아니라고 이야기하는 것뿐이다.

심층 연구

"주께서 저를 일으키시리라"라는 말씀은 회복의 진정한 근원이 무엇인가를 분명하게 보여주고 있다. 야고보는 기름 바름에 어떤 마술적 본질이 있다는 생각을 배제하고 있다. 여기에서 "주"는 주 예수 그리스도를 지칭하며, 바로 이 이름으로 기름을 붓는다. 주께서는 그의 백성의 삶을 주관하시는 분으로 자신의 의지에 따라 치유하신다. "저를 일으키시리라"라는 구절은 사실상 이 구절 앞부분에 있는 '구원하리라'는 말의 반복으로, 병든 자가 그의 병상에서 일어나는 것을 의미한다.[2)]

- 당신은 성령께서 병든 자를 위한 기도와 함께 기름 바름의 행위를 허락하신 이유가 무엇이라고 생각하는가?

---

6. 야고보서 5장은 신유의 여러 가지 방법에 대하여 언급하고 있다.

2) D. Edmond Hiebert, *The Epistle of James* (Chicago, IL: Moody Press, 1979).

a) 병든 사람이 스스로 자신을 위해 기도할 수 있다(13절). 많은 치유는 병든 사람 본인의 기도 결과이다. 장로들 또는 기도해 줄 다른 사람들이 없는 장소가 있을 수 있다.

b) 16절에 따르면, 신자들은 병 낫기를 위하여 서로 기도하라는 명령을 받았다. 이것을 중보기도라고 부르며, 이것은 높은 기원의 형태를 가진 기도이다. 많은 사람들은 자신의 문제를 잊어버리고 다른 사람을 위하여 중보기도한 결과, 병이 치료된 것을 간증한다.

예수는 "진실로 다시 너희에게 이르노니 너희 중에 두 사람이 땅에서 합심하여 무엇이든지 구하면 하늘에 계신 내 아버지께서 저희를 위하여 이루게 하시리라"(마 18:19)고 가르치셨다.

c) 큰 믿음을 가지고 간구한 엘리야같이 간절히 기도하라고 말하기에 앞서, 야고보서 5장 16절 하반절에서 "의인의 간구는 역사하는 힘이 많으니라"고 성경은 말한다. 모든 믿는 자들은 그리스도의 의(義) 안에서 의롭다. 그들은 말씀을 통해서 의롭게 된다. 그러나 어떤 사람들은 기도하고, 말씀을 보며, 성령 안에서 살아가려고 많은 시간을 보낸다. 엘리야는 그의 연약함에도 불구하고 하나님과 동행한 믿음의 사람이었다. 모든 교회 안에는 겸손히 하나님과 동행하면서 믿음으로 기도하는 여러 명의 목회자들(장로들)이 있다.

- 당신은 믿음으로 기도하기 위해 교회에 가는 사람들을 알고 있는가?

- 당신은 당신 자신이 병들고 고통당할 때 당신을 위해 확신을 가지고 기도해 줄 장로들이나 다른 사람들을 청한 적이 있는가? 그리고 그때 무슨 일이 일어났는지 생각해 보라.

---

7. 야고보서 5장 16절에서 야고보는 믿는 자들에게 육체적인 죄의 치유를 위해 다른 사람들에게 그들의 죄를 고백하라고 제안한다.

이것은 항상 쉽지 않다. 왜냐하면 우리는 고백을 들어 줄 만한 성숙한 그리스도인을 만나기 어렵기 때문이다. 야고보가 과거에 지었던 죄를 지금 마음속으로 고백하라고 한 것일 수 있다고 추측할 수도 있다. 우리가 다른 사람에게 죄를 범했거나 또는 다른 사람이 내게 죄를 범했을 때 이를 용서하거나 용서받기 전까지는 치유나 다른 요구를 위한 기도가 쓸데없다. 우리가 죄와 허물을 고백할 수 있는 사람을 찾을 수 없다면, 우리는 주께 더 확실히 고백할 수 있을 것이다. 또 이 말은 고백하지 않은 질투, 시기, 증오, 또는 경멸이 완벽한 치유를 막는 유일한 장애물일 수 있다는 의미이기도 하다.

- 당신은 지금까지 다른 사람들에게 고백하지 않은 죄가 있는가? 또는 다른 사람이 당신에게 죄를 고백한 적이 있는가? 무슨 일들이 일어났는가?

- 당신의 삶에 있어서 지금 이러한 훈련이 필요한 부분은 어떤 곳인가?

적용

신유는 주께서 그의 백성에게 제공하시는 하나의 명백한 축복이다. 우리는 '여호와 라파'라는 주의 이름을 통하여 하나님이 우리의 치료자라는 것을 배웠다. 우리는 주께서 항상 자신의 백성을 향하여 계시는 그분의 본성을 보았다.

때가 차서 오신 구원자 예수는 병든 자를 치료하는 사역에 많은 시간을 보내셨다. 이것은 자신의 신성을 나타내시기 위해서일 뿐만 아니라 목자 없이 상처 입은 양인 사람들을 불쌍히 여기셨기 때문이다.

예수는 자신의 제자들을 보내면서 그들에게 '병든 자를 고치라'고 명령하셨다(마 10:8). 지상명령(The Great Commission)에서도 예수는 그의 제자들에게 그들의 설교와 가르침에 표적이 따를 것이라(즉 병든 사람에게 손을 얹은즉 나으리라)고 약속하셨다. 예수의 형제이자 사도 교회의 지도자였던 야고보는 성령의 영감을 받아 "너희 중에 병든 자가 있느냐 저는 교회의 장로들을 청할 것이요 그들은 주의 이름으로 기름을 바르며 위하여 기도할지니라 믿음의 기도는 병든 자를 구원하리니 주께서 저를 일으키시리라 혹시 죄를 범하였을지라도 사하심을 얻으리라"(약 5:14~15)고 했다.

이러한 것들은 그리스도인을 위해 주어진 것이기 때문에 기도의 응답으로 치유를 받는 것은 우리의 특권이다. 다른 믿는 자나 교회의 장로들의 기도의 통로를 통한 치유는 하나님이 우리에게 주신 특권이다. 만약 우리의 믿음이 연약하다면 우리는 믿음을 위하여 기도할 수 있다. 이것은 우리가 의약품 또는 수술의 과정을 의지할 때 기도에 태만해도 된다는 것을 말하는 것이 아니다.

우리의 육체적인 몸이 하나님의 능력으로 치유를 경험하는 것보다 더 나은 축복은 없다. 우리가 비록 약을 의지하더라도 하나님이 약이나 의사들을 통해 역사해 주실 것을 바라는 기도를 할 수 있다. 우리가 하나님의 위대하신 능력과 사랑을 믿을 때, 하나님이 어떻게 우리 안에서 기적적으로 일하실 수 있으며 또한 일하기를 원하시는지를 기꺼이 알게 될 때, 우리는 매우 놀랄 것이다.

"너희 중에 고난을 당하는 자가 있느냐 저는 기도할 것이요"(약 5:13).

제2장

치유와 십자가

(민 21:5~9)

예수의 부활과 그의 십자가는 복음의 핵심이며 기독교의 중심이다. 십자가에서 죄와 질병은 그의 독침을 잃어버렸다. 우리는 십자가에서 예수의 상처 입은 손과 발과 옆구리를 보았으며, 무덤을 열고 나오시는 그분을 바라보면서 이미 오래 전에 약속된 죄의 저주로부터의 구속이 '성취되었다'는 것을 알게 된다. **우리를 위하여 십자가에 달리신** 예수를 볼 때 모든 의심의 구름이 사라지고 우리는 희망에 부풀어오른다. "그가 채찍에 맞음으로 우리가 나음을 입었도다"(사 53:5).

치유와 높이 들린 놋뱀

모세 당시 하나님께서는 십자가의 치유의 능력을 나타내기 위하여 상징물을 제공하셨다(민 21장 5~9절 참조). 모세의 때에 광야에서 죄 짓는 그들의 죄된 아담의 본성이 고삐가 풀렸으며, 에덴에서의 저주가 완전히 드러났다. 백성들은 모세와 심지어는 하나님까지 원망했다. 하나님은 매일 만나를 허락하셨으나 그들은 그 맛을 매우 싫어함으로 하나님의 은혜로운 양식들을 하찮게 보았다. 그들은 그들의 혐오심을 하나님과 그의 세우신 지도자에게 전가시켰다.

다툼과 논쟁으로 표출된 그들의 죄는 결국 오랜 숙원인 약속의 땅으로 향하는 여행을 저지시켰다. 그들의 반역적인 행동과 태도는 그들의 야영지 전체에 무서운 재앙을 가져와 많은 사람들이 독 있는 불뱀에 물려 쓰러졌다. 죽음이 지배하게 된 것이었다. 그러나 항상 그렇듯이 하나님의 은혜로 치유책이 제공되었다. 하나님께서는 모세를 명하여 놋뱀을 만들어 장대에 높이 달게 하시고는 믿음으로 그것을 바라보는 자마다 다 치유될 것이라고 약속하셨다. 그리고 그것을 바라보는 자들에게 생명과 은혜가 임했다. 이 사건은 또한 죄에 대한 심판과 죄의 소멸, 즉 구속의 상징이다.

배경 설명

신유의 초점 : 하나님의 백성에게 임한 불뱀의 재앙은 그들의 불평의 결과로 그들 자신이 형벌을 자초한 것이었다. 그들 자신의 죄로 인하여 불뱀에 물려 많은 사람들이 죽게 되는 하나님의 심판을 초래한 것이다. 그러나 하나님은 그의 백성들의 회개에 대한 응답으

로 놋뱀을 세우시고 믿음을 가지고 그것을 바라보는 사람들을 치유하셨다.

이 사건에 대한 예수의 언급이 요한복음 3장 14~15절에 나온다. 예수는 이 놋뱀이 자신의 십자가에 달림의 상징임을 명백히 암시하셨다. 우리의 영적, 육적 치유는 "저가 채찍에 맞음으로 너희는 나음을 얻었나니"(벧전 2:24)라는 말씀같이, 우리를 위하여 십자가에 달린 예수를 바라봄으로부터 온다.[3)]

치유와 높이 들린 하나님의 어린 양

우리는 신명기 21장을 통하여 그리스도께서 달리신 십자가를 바라볼 때 두 가지 분명한 은혜를 입게 된다. 그들은 죄의 용서와 병든 몸의 치유라는 축복을 받았다. 영적으로 죄로 더럽혀진 그들의 영혼이 깨끗하여짐과 육체적으로 독사에 물린 상처가 치유된다는 점에 있어서, 그들에게 주어진 은혜는 이중적이었다. 십자가에서 죄인되고 병든 인류에게 던져진 생명선은 두 가닥으로 꼬여져 있는데, 하나는 영혼의 구원이며 다른 하나는 육체의 치유이다.

이것은 신약성경의 중심 구절이라고 할 수 있는 요한복음 3장 14~17절에 있는 예수의 말씀을 통하여 볼 때 분명하다. 17절의 **구원**이라는 단어는 완전한 구원(full salvation), 즉 전체적인 인간(the total person)의 구속을 의미한다.

3) *Spirit-Filled Bible*, (Nashville, TN: Thomas Nelson Publisher, 1991), 226, "Kingdom Dynamics: The Focus of Divine Healing."

"하나님이 그 아들을 세상에 보내신 것은 세상을 심판하려 하심이 아니요 저로 말미암아 세상이 구원을 받게 하려 하심이라"는 예수의 말씀에서 **구원**이라는 용어는 영혼과 몸으로서의 전체적 인간의 구원을 가리킨다. 육체적이며 영적인 구원을 의미하는 단어를 아래의 용어 설명을 통하여 살펴보자.

용어 설명

구원되다(saved). 헬라어로 소조(sozo). '구원하다', '치료하다', '치유하다', '보존하다', '안전과 정성을 유지하다', '위험과 파괴로부터 구하다', '해방되다', '위험', '상처 또는 고통으로부터 구하다', '육체적 죽음을 치유함으로, 그리고 영적인 죽음과 그것의 결과들을 죄를 용서함으로 전체적으로 온전하게 만들다'.[4] '소조'(sozo)라는 단어는 신약성경에서 육체적인 치유의 의미로 16회 사용되었다(마 9:21~22; 막 5:23, 28, 34, 6:56, 10:52; 눅 7:50, 8:36, 48, 50, 17:19, 18:42; 행 4:9, 14:9; 약 5:15).

높이 들린, 시효가 지난 구제책

광야에서 모세가 든 놋뱀에 사용된 단어를 신중히 검토할 필요가 있다. 모세는 병들어 죽어가는 이스라엘 사람들을 치유하기 위하여 하나님의 명령을 준행하였다. 장대 위에 달린 놋뱀은 앞으로

4) Ibid., 1525, "Word Wealth: 7:50 saved."

때가 차서 오실 약속된 구원자 예수를 상징하는 그림자인데, 곧 구약 성경의 상징 중 하나였다. 예수께서 십자가에 달리셨을 때 놋뱀 모형론은 성취되었다. 지금 우리에게는 오직 십자가에서 다 이루신 일들을 믿는 것만 필요할 뿐이다.

열왕기하 18장 3~4절에는 놋뱀을 예배하는 악한 자들과 이것을 파괴한 선한 히스기야 왕에 대한 언급이 나온다. 놋뱀은 단지 죄의 심판과 속죄의 상징으로 주어진 것이지 예배의 대상으로 의도된 것이 아니었다. 놋뱀은 모든 죄가 심판받은 십자가 위에서의 예수의 속죄의 죽음을 가리키는 데 초점을 두었다.

예수의 모든 사람을 위한 유일회적인 희생은 결코 반복되지 않는 것으로 완성된 사역이다. 우리는 사형에 해당되는 죄를 처벌하기 위한 도구였던 십자가 자체가 아니라 우리의 죄를 위하여 십자가에 못 박히신 예수를 기억하고 존경하여야 한다. 십자가 자체가 아니라 예수와 그의 속죄의 사역을 믿는 믿음이 우리를 구원한다.

만약 우리가 십자가의 모양을 치유나 용서를 얻는 실제적인 대상 또는 어떤 종류의 부적처럼 바라본다면, 우리는 히스기야 왕이 파괴하여 버린 놋뱀을 예배하는 것과 같다. 영적인 사실과 과거의 사건을 회상시키는 대상으로 놋뱀이나 십자가 등을 사용하는 사람들이 있는데, 어떤 점에 있어서는 무엇인가를 회상시키는 물체가 예배의 대상으로 변할 수도 있다. 그런가 하면 어떤 사람들은 오용을 하지 않을지는 몰라도 그들로 인해 다른 사람들이 우상 숭배에 대하여 분명한 이해를 갖지 못하게 되기도 한다.

더 나아가서 우리가 오직 십자가만 바라본다면 우리는 기껏해야 구원의 반쪽만을 갖게 된다. 왜냐하면 영혼과 몸을 위한 온전한 구원의 사역에는 빈 무덤, 곧 영화로운 부활이 포함되어야 하기 때문이다. 그리스도는 단지 죽기만 하신 것이 아니라 다시 살아나 우리의 중보자와 대제사장으로서 하나님 우편에 앉아 계신다. 우리는 십자가로 말미암아 구원을 얻었으나, 영광스러운 은혜는 은혜의 보좌가 있는 속죄소로부터 강처럼 흘러 나온다. 우리가 예배하는 구원자는 어제나 오늘이나 영원토록 동일하신 살아 계신 그리스도이다.

- 당신이 들었거나 알고 있는 미신적인 행위들 가운데, 하나님의 선을 찾기 위하여 어떤 대상에 초점을 두는 예들을 적어 보라.

- 사람들이 치유를 위하여 어떤 기름 부음 받은 목회자를 바라볼 때 이와 같은 일들이 어떻게 일어날 수 있는지 당신의 생각을 적어 보라.

하나님의 치유와 높이 들린 마그넷(magnet: 사람의 마음을 끄는 물건)

요한복음 8장 26~30절을 읽어보면 예수의 '들림'에 대한 다른 언급이 나온다. 예수의 제자들을 포함한 세상은 구원자요, 구세주이신 예수가 죽고 다시 살아나시기 전에는 실제로 그를 **알지** 못했다. 예수께서 다가오는 왕국을 지배할 약속된 메시아임에도 불구하고 그들은 예수를 위대한 선생으로만 알았다. 그러나 세례 요한이 예수를 세상 죄와 질고를 지고 고통당하는 하나님의 어린 양이라고 진술하긴 했지만, 사실 십자가만이 그것을 분명하게 보여 주었다.

용어 설명

알다(know). 헬라어로 기노스코(ginosko). '예지', '격언적인', '영지적인'과 비교되는 것으로 '지각하다', '이해하다', '인지하다', '지식을 얻다', '깨닫다' 그리고 '알게 되다'라는 뜻이다. '기노스코'는 시작과 과정과 달성이 있는 지식이다. 즉 개인이 경험을 통하여 진리를 인식하는 것이다.[5)]

주 예수 그리스도가 우리의 죄와 질고를 위하여 십자가 위에서 죽으심으로 수많은 사람들이 비로소 그가 그들의 구원자요 치료자임을 알게 되었다.

"저가 모든 사람을 대신하여 죽으심은 산 자들로 하여금 다시는

5) Ibid., 1589, "Word Wealth: 8:32 know."

저희 자신을 위하여 살지 않고 오직 저희를 대신하여 죽었다가 다시 사신 자를 위하여 살게 하려 함이니라 그러므로 우리가 이제부터는 아무 사람도 육체대로 알았으나 이제부터는 이같이 알지 아니하노라 그런즉 누구든지 그리스도 안에 있으면 새로운 피조물이라 이전 것은 지나갔으니 보라 새것이 되었도다"(고후 5:15~17).

우리는 성령으로 그분을 안다.

심층 연구

요한복음 12장 20~33절은 예수께서 십자가에 높이 들려 올려 진 것에 대한 또 하나의 중요한 성경 구절이다. 이 구절을 읽고 예수의 사역의 특성을 세 가지로 요약하라.

1. --

----

2. --

----

3. --

아마 신약성경에서 요한복음 12장보다 더 중요한 구절은 찾지 못할 것이다. 헬라인들이 예수를 찾아왔다. 아마도 그들이 예수의

가르침을 그리스에 전하기 위해 예수를 초청했던 것 같고, 이들은 또한 사도행전 16장에서 바울의 꿈속에서 그에게 와서 도우라고 말한 마게도냐인일 가능성이 있다. 요한복음이 말하는 헬라인들은 십자가 사건이 있기 전에 왔다.

예수께서는 그가 영광을 얻을 시간이 바로 가까이 왔다고 설명하셨다. 예수 외에 어느 누가 지옥의 시간을 영광의 시간이라고 부를 수 있겠는가? 예수께서는 이 시간을 영광을 얻을 때라고 말씀하셨다. 그는 갈보리의 쓰디쓴 고통의 잔을 마음에 두고 있지 않으셨다. 그의 마음에는 죄의 결과로서의 십자가의 호된 체험과 죽음이라는 외관상의 패배로 인한 생각이 교차하였다. 그러나 하나님의 뜻 앞에 자신의 뜻을 포기하고, "내가 이를 위하여 이때에 왔나이다"라고 크게 기뻐하며 말씀하셨다. 그는 계획 가운데 오셨다. 그는 구속의 수확을 위하여 준비의 씨를 땅에 뿌렸고, 그 뿌려진 곡식은 종국에 세계의 구원받은 영혼들을 모을 때 거두어들일 것이라고 했다.

그리고 예수께서는 "내가 땅에서 들리면 **모든 사람**을 내게로 이끌겠노라"(요 12:32)고 외치셨다. 그는 십자가 밑으로 떨어져 부서지는 많은 사람들의 죄와 병을 상상하였을 것이다. 그가 영광을 받을 때가 왔다고 말한 것은 당연한 일이다. 바울은 빌립보서 2장 5~11절에서 굴욕과 높임에 대해 더없이 잘 표현하였다. 위의 본문을 읽어 보라.

높이 들린, 치유를 위한 효과적인 기도

때때로 주님의 구속된 자들이 그분의 고통에 동참함을 통해 보다 헌신적이고 능력 있는 종이 되기도 한다. 십자가와 빈 무덤으로부터 나오는 온전한 구원의 좋은 소식이 제자들의 노력으로 퍼져나가게 되었을 때 예수의 제자들은 심한 박해를 받았는데, 특히 부활의 기쁜 소식을 전하다가 고통을 받았다. 그들은 감옥에 갇혔고, 만약 그들이 공개적으로 부활의 예수를 전하면 보다 큰 처벌을 받게 될 것이라는 협박도 받았다. 사도들은 이러한 협박에 대하여 서로 의논하기 위하여 모였다. 이 땅에 오신 예수의 목적과 십자가와 부활의 의미에 관한 그들의 생각은 다시 새로워졌다. 그리고 그들은 다음과 같이 기도하면서 하나가 되었다.

> "주여 이제도 저희의 위협함을 하감하옵시고 또 종들로 하여금 담대히 하나님의 말씀을 전하게 하여 주옵시며 손을 내밀어 병을 낫게 하옵시고 표적과 기사가 거룩한 종 예수의 이름으로 이루어지게 하옵소서 하더라 빌기를 다하매 모인 곳이 진동하더니 무리가 다 성령이 충만하여 담대히 하나님의 말씀을 전하니라"
> (행 4:29~31).

제자들은 사실상 이렇게 말한 것이다. "주여! 당신의 아들(예수) 그리스도가 십자가 위에서 속죄의 죽음으로 쟁취하신 완전한 구원에 대하여 우리가 알고 있습니다. 우리는 앉은뱅이가 치유되는 것을 통하여 위대한 승리를 보았나이다. 지금 우리는 예루살렘에서 부활을 증거하는 것을 금지 당하고 있나이다. 주여! 당신의 손을 내밀어 병을 낫게 하옵시고, 그것으로 모든 협박에도 불구하고 진리를 증거할 담대함을 새롭게 얻게 하옵소서."

주님은 그들에게 개인적, 영적 진동을 경험하게 하셨고, 그것으로 인해 그들은 새로운 오순절을 체험하고 담대함을 얻게 되었다. 나아가서 하나님은 베드로, 빌립 그리고 스데반을 통하여 커다란 치유의 기적들을 허락하셨다.

> "사도들의 손으로 민간에 표적과 기사가 많이 되매 믿는 사람이 다 마음을 같이하여 솔로몬 행각에 모이고 그 나머지는 감히 그들과 상종하는 사람이 없으나 백성이 칭송하더라 믿고 주께로 나오는 자가 더 많으니 남녀의 큰 무리더라 심지어 **병든 사람**을 메고 거리에 나가 침대와 요 위에 누이고 베드로가 지날 때에 혹 그 그림자라도 뉘게 덮을까 바라고 예루살렘 근읍 허다한 사람들도 모여 병든 사람과 더러운 귀신에게 괴로움 받는 사람을 데리고 와서 다 나음을 얻으니라"(행 5:12~16).

사도들은 주는 살아 계신 구세주와 치유자라는 가르침과 더불어 예수께서 무덤으로부터 다시 부활하셨음을 담대히 증거하여 많은 사람들을 주님의 왕국으로 이끌었다.

용어 설명

담대함(boldness). 파르헤시아(parrhesia). '공공연히', '솔직히 또는 활기에 찬 담력을 가지고 숨김 없이 말함', '자유롭게 말하는 것으로 비겁, 소심 또는 두려움의 반대'를 뜻한다. 여기서 '담대함'은 보통 사람 또는 평범한 사람들에게 성령의 능력과 권세가 임할 때 주어지는 것을 말한다. 이것은 또한 애매함이나 난해함 없이 명백하게 복음을 소개하는 것을 말한다. '파르헤시아'는 인간의 속성이 아닌 성령 충만의 결과이다.[6]

하나님께서 그의 제자들에게 담대함을 주신 것은, 그들이 자기 보전에만 신경쓰지 않고 온전한 구원의 복음을 통해 수많은 병든 사람들과 죄로 괴로워하는 백성이 구원받고 치유받는 것을 보기 원했기 때문이다. 오늘날도 하나님의 백성이 성령의 능력을 통한 담대함을 간구할 때 비슷한 일이 일어나는 것을 보게 된다.

높이 들린, 치유의 은혜(자비)를 위한 외침

누가복음 18장 31~43절을 읽어보면 소경 바디매오가 치유되는 매우 흥미로운 기적의 이야기가 나온다.

예수께서는 예루살렘으로의 마지막 여행 중, 여리고 가까이에 이르러 그의 제자들에게 그가 배반당하고, 모욕당하며, 처형당할

6) Ibid., 1632, "Word Wealth: 4:31 boldness."

것이나 3일 후에 살아날 것을 설명하셨다. 제자들은 그의 죽음에 대한 예언에 당황하였는데, 사실 이 예언은 그들의 이해를 초월하였기 때문이다. 그들은 선생님의 모든 가르침 후에도, 예수께서 지상왕국을 세우기 위해 오셨을 것이라는 널리 퍼져 있던 희망을 초월하지 못했다. 거기에는 그들이 죽음과 일치시킬 만한 상황이 전혀 없었다.

놀랍게도 그들은 다른 어떤 것보다 예수의 사역의 개념을 명백히 해줄 수 있는 한 눈먼 거지를 우연히 만났다. 소경 바디매오가 나사렛 예수가 여리고를 지나간다는 소식을 들었을 때, 그는 필사적으로 소리내어 외쳤다. "다윗의 자손이여 나를 불쌍히 여기소서!" 예수님의 제자들이 저지하자 그는 더욱 크게 다시 외쳤다.

여기서 우리는 이러한 의문을 가질 수 있다. '세상에 길가에서 구걸이나 하는 소경이 어떻게 나사렛 예수가 다윗의 메시아적 왕조의 후손이라는 것을 알았을까?' 어떻게 **다윗의 확실한 은혜** **(sure mercies of David, 사 55:3)**에 대하여 알았을까? 그가 길가에서 사용한 "다윗의 자손"(Son of David)은 메시아에 대한 칭호의 하나인데, 어떻게 그는 다윗의 확실한 은혜에 대한 예언들과 예수를 연상하여서 그 이름을 들어 예수에게 나면서부터 소경된 눈을 치유하는 자비를 구했을까? 멀리 떨어져 있어도 예수가 말씀하기만 하면 치유될 수 있다는 것을 하나님께서 백부장에게 나타내 보인 것처럼, 하나님께서 어떤 식으로든 그에게 이것을 나타내 보이셨다고 믿을 수밖에 없다. '다윗'과 '은혜(자비)'를 어떻게 연결시켰는가 하는 것에 대해서는 시편 89편 20~24절, 이사야 55장 3~4절,

사도행전 13장 32~38절의 본문들을 참조하라.

바디매오는 예수께서 그의 제자들에게 들려 준 예수 자신의 급박한 죽음과 부활에 대한 예언에 대하여 알지 못하였다. 그에게는 우리가 아는 것과 같은 그리스도의 구속적 죽음과 부활이라는 개념은 없었다. 그러나 시편 기자와 이사야 선지자에 의해 예언된 이름처럼 그가 메시아(다윗의 자손)이며, 베풀어질 '확실한 은혜'를 가지고 있는 분이라는 것은 알고 있었다. 그는 다윗은 이미 오래 전에 죽어 부패되었다는 것도 잘 알고 있었으나, 다윗의 자손(메시아)은 자신의 눈을 뜨게 하여 줄 능력과 **자비**를 가지신 분으로 느꼈다.

사도행전 13장의 바울의 설교에 따르면, 다윗의 자손은 죽음에서부터 일어나시며, 부활의 그리스도는 다윗의 확실한 은혜를 수여하신다. 이러한 은혜는 죄 용서와 병의 치유로 나타날 것인데, 이 두 가지의 축복이 이고니온과 루스드라에서의 바울의 사역 가운데 나타났다.

- 어떤 곳에서 당신이 기대하는 하나님의 치유의 능력들이 나타나기를 원하는가?

적용

우리는 우리의 죄를 위하여 죽으시고 또 우리의 의를 위하여 부활하신 그분이 오늘도 믿는 자들에게 온전한 영혼의 구원과 육체의 치유를 수여하실 것이라는 것을 믿는다. 우리의 죄와 허물로 인하여 죽기 위하여 십자가에 달리셨던 그분은 모든 믿는 자들을 위하여 죽음과 심판을 정복하셨다. 그분의 승리는 다윗의 모든 '확실한 은혜'의 경험을 포함한 것이었다. 그 확실한 은혜는 하나님 나라(kingdom)의 축복이며, 그곳에서 하나님의 어린 양이 이미 영적으로 유다 족속의 사자가 되었다.

만약 당신이 고통을 당하고 있다면 믿음으로 외치라.

"다윗의 자손이여 나를 불쌍히 여기소서!"

아마 그는 이렇게 대답하실 것이다.

"네 믿음이 너를 구원하였느니라."

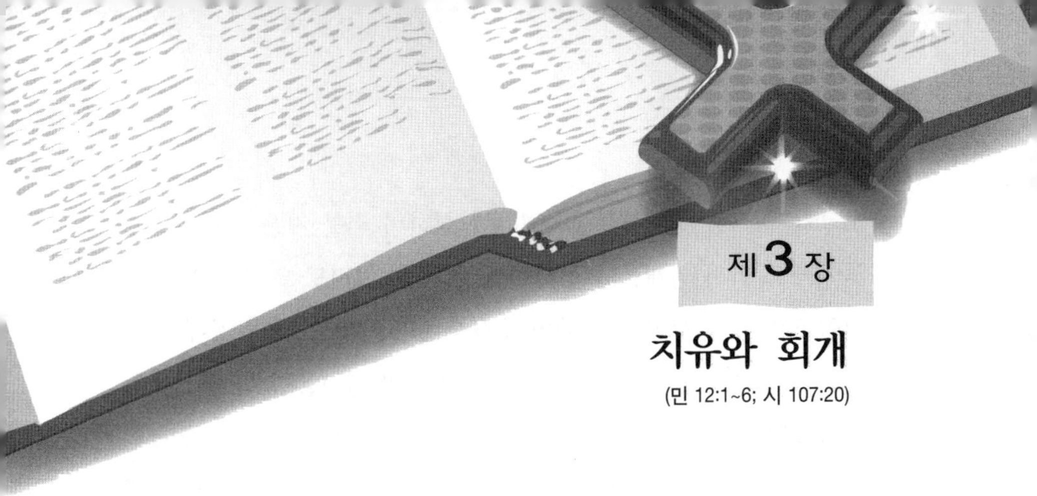

제 3 장

치유와 회개

(민 12:1~6; 시 107:20)

무엇이 회개인가?

우리는 보통 회개는 죄인들이 그리스도께 처음 나올 때에만 적용되는 것으로 생각한다. 오순절날 베드로의 설교가 있은 후 사람들은 그들의 죄를 깨닫고 크게 외쳤다. "형제들아 우리가 어찌 할꼬?" 베드로는 다음과 같이 대답했다. "회개하여 각각 예수 그리스도의 이름으로 세례를 받고 죄 사함을 얻으라 그리하면 성령을 선물로 받으리니"(행 2:38). 며칠 뒤 베드로는 질문하는 죄인 된 청중을 향하여 이렇게 설명했다. "회개하고 돌이켜 너희 죄 없이 함을 받으라"(행 3:19). 예수께서 오셔서 천국 복음을 전파할 때에 그는 "때가 찼고 하나님 나라가 가까웠으니 회개하고 복음을 믿으라"(막 1:15)고 말씀하셨다.

그렇지만 성경은 불순종하고 무관심하며 죄를 지은 그리스도인들에게도 역시 회개를 요구하신다. 바울은 고린도 교회에 있는 태만한 교인들을 향하여 그들의 우상숭배와 음란한 죄의 길에서 회개하라고 요구하였다(고후 12:20~21). 예수의 명령을 받아 아시아의 일곱 교회들에게 편지한 요한도 에베소 교회(일곱 교회 중 최고의 교회)의 성도들을 향하여 "만일 그리하지 아니하고 회개치 아니하면 내가 네게 임하여 네 촛대를 그 자리에서 옮기리라"(계 2:5)는 경고를 보냈다.

용어 설명

회개하다(repent). 메타노에오(metanoeo). 이 단어는 '~의 후'라는 뜻의 '메타'와 '생각하다'라는 뜻의 '노에오'의 합성어이다. 회개는 마음의 변화를 가져오는 하나의 결정으로, 이러한 마음의 변화는 궁극적으로 목적과 행동의 변화를 가져온다.[7]

심층 연구

우리는 때때로 '회개'는 '감정적인 유감과 후회'와 같다고 생각한다. 그러나 성서의 용어들(히브리어 '슈브'와 헬라어 '메타노에오')은 '마음의 변화와 방향 전환'을 의미한다. 후회는 종종 회개를 동반하지만

7) Ibid., 1407, "Word Wealth: 3:2 repent."

(사실 후회는 회개의 매우 중요한 전조이다) 죄나 결과에 대해 후회하기보다는 단순히 '미안하다'고 말하는 때가 더 많다.

바울은 고린도후서 7장 9~10절에서 "내가 지금 기뻐함은 너희로 근심하게 한 까닭이 아니요 도리어 너희가 근심함으로 회개함에 이른 까닭이라……이르게 하는 대로 후회할 것이 없는 구원에 이르게 하는 회개를 이루는 것이요 세상 근심은 사망을 이루는 것이니라"고 말하였다.

만약 유감이나 후회가 회개에 이르게 된다면 그 회개는 명백하게 유감이나 후회를 넘어선다. 만약 우리가 우리의 잘못된 행동을 진정으로 유감스럽게 생각하고 후회한다면, 우리는 우리의 행동의 방향을 바꿀 것이고, 또 우리의 의지를 바꿀 것이다. 가룟 유다와 마술사 시몬은 몹시 괴로워하며 후회는 했어도 진정으로 하나님에게 돌아서지 않았다. 주님은 거짓 눈물에 속는 분이 아니시다. 주님은 우리의 생명을 위하여 우리 자신에서 하나님의 의지로 전환하는 우리의 중요한 결심의 변화에 응답하신다.

- 회개는 무슨 변화를 말하는가? 당신 자신이 회개한 경험을 써보라.

- 죄에 대한 후회와 회개의 다른 점은 무엇인가?

- 죄에 대한 그릇된 또는 진정한 후회에 대한 세 가지 성경적 실례들을 들어 보라.

- 바울이 말하는 경건한 후회와 진정한 회개는 어떤 관계가 있는가?

그리스도인들의 죄에 대하여 요한은 자신의 첫 편지에서 이렇게 말하였다.

"만일 우리가 죄 없다 하면 스스로 속이고 또 진리가 우리 속에 있지 아니할 것이요 만일 우리가 우리 죄를 자백하면 저는 미쁘시고 의로우사 **우리** 죄를 사하시며 모든 불의에서 우리를 깨끗케 하실 것이요"(요일 1:8~9).

진정한 신자들은 공공연히 죄를 짓거나 죄 속에서 살지 않는다. 만약 그렇다면 그들은 배교자이다(요일 3:7~9). 그러나 그리스도인들도 때때로 좋지 못한 태도의 죄, 태만의 죄, 게으른 죄, 믿지 않는 죄, 그리고 성질부리는 죄 등을 범하기도 한다. 히브리서 기자는 "주께서 그 사랑하는 자를 징계하신다"(히 12:6)라고 말한다.

때때로 이 징계는 질병의 형태로 오기도 한다. 그렇다고 해서 모든 질병이 죄(들) 때문에 오지는 않는다(요 9:1~3). 만약 어떤 질병이 주님의 징계의 한 형태로 왔다면 치유받기 전에 회개가 선행되어야만 한다. 야고보서 5장 13~16절에 있는 치유의 언약에는, 많은 경우 분명히 죄에 대한 고백과 회개가 장로들이나 또는 기도하는 사람들이 병든 자를 위하여 믿음의 기도를 드리기 전에 반드시 필요하다고 하였다.

치유의 기도 응답의 지연과 태도와 행동의 변화의 관계를 다룬 많은 성경 구절이 있다. 이 장에서 우리는 이러한 **회개**에 관한 성구들을 살펴보기로 하자.

미리암의 문둥병의 경우(민 12:1~15)

민수기 12장 1~15절은 미리암의 치유뿐만 아니라, 그녀에게 쓰라린 고통을 가져다 준 그녀의 잘못에 관한 슬픈 이야기가 기록되어 있다. 이 신령한 은사를 가진 여인이 적어도 일곱 가지의 죄를 지었는데, 그중에 여섯 개는 태도에 관한 죄들이었다. 이것에 대해 공부하기 전에, 당신 자신이 이 구절을 읽고 또 명상하여 얻은 것과 이것 중 몇 개나 일치하는지 살펴보라. 그녀의 죄는 다음과 같은 것이었다.

1. 반역과 잘못된 비방죄

모세의 누이 미리암과 그녀의 오빠 아론은 모세가 이드로의 딸 십보라와 결혼한 것을 몹시 비방했는데, 그 이유는 그녀가 구스인으로 피부색이 달랐기 때문이었다. 우리는 이드로 가족이 경건한 가족이었음을 잘 알고 있다. 구스인들은 그들 가운데 있지 않았고, 그들과 이스라엘 사람들 사이의 결혼도 금지되어 있었다. 실제적으로 미리암과 아론은 자신들의 실제적인 동기를 덮기 위해서 혹은 모세의 권위에 대적하기 위해 모세의 아내를 이용하였다. 우리 또한 영적인 지도자들에게 바른 제안은 할 수 있으나, 실제적으로 양편 모두가 손해를 입는 비방을 해서는 안 된다.

2. 질투와 시기의 죄

모세의 아내에 대한 미리암의 비판은 오직 그의 질투를 위장한 것이다. 모세가 백성을 모두 재판할 수 없게 되자, 그의 장인 이드로는 그에게 150만 명이 넘는 사람들의 불평과 요구를 재판하는 과도한 업무를 덜기 위하여 70인의 장로들을 뽑아 그를 돕도록 제안하였다(민 11:21~30; 출 18:1~27 참조). 아론과 미리암이 영적인 은사를 소유한 사람들이었음은 의심할 여지가 없다. 아론은 최초의 대제사장이었고, 미리암은 예언자로 불렸는데, 특히 그녀는 성령에 사로잡혀 노래를 작곡하기도 한 이스라엘의 여성 지도자였다(출 15:20~21). 그러나 영적인 은사를 가졌다고 해서 지도력을 요구할 수 있는 자격이 있는 것은 아니다. 미리암은 **질투**의 죄를 지었다.

3. 인종 차별의 죄

미리암의 실제적인 동기는 질투였지만, 또한 그녀는 편견을 갖고 있었다. 그렇지 않았더라면 모세의 아내의 인종이나 피부색에 대한 언급은 하지 않았을 것이다. 모세의 장인은 모세에게 국민의

지도 체제를 새로 조직하도록 충고하였다. 모세의 친족인 아론과 미리암은 모세가 장로들의 임명에 있어서 자신들의 자문을 구하지 않았기 때문에 질투와 시기심을 가졌다. 그들의 이러한 감추어진 실제적인 동기는, 모세가 이드로의 딸인 십보라와 결혼한 것에 대한 심한 비평으로 모아졌다. 동시에 미리암의 인종 차별도 드러났다.

4. 과도한 자존심의 죄

미리암의 영적인 자존심에 관한 죄는 2절에 분명히 나타난다. “그들이 이르되 여호와께서 모세와만 말씀하셨느냐 우리와도 말씀하지 아니하셨느냐 하매 여호와께서 이 말을 들으셨더라.” 사실 하나님은 아론과 미리암과도 말씀하셨고, 그들도 하나님의 귀중한 종들이었다. 우리가 기억해야 될 것은 하나님은 언제나 그가 채널로 사용하기를 원하시는 사람들을 통하여 말씀하신다. 하나님이 일하시기 위해 어떤 사람을 사용하시는 것에 대하여 우리는 이러쿵저러쿵 말할 필요가 없다.

5. 이기심의 죄

“아무 일에든지 다툼(이기적인 욕망)이나 허영으로 하지 말고 오직 겸손한 마음으로 각각 자기보다 남을 낫게 여기고”(빌 2:3).

모세에 대한 미리암의 불평은 이기심으로 가득했다. 미리암은 이스라엘의 생활과 행진을 보다 더 활성화할 계획을 기뻐하기보다는 전체적인 계획에 자신이 도외시된 것에 대해 발끈한 것이 분명하다. 본문 2절은 "여호와께서 이 말을 들으셨더라"라는 말로 끝나고 있다. 자신을 모욕했다고 추측하고 투정대는 우리의 불평은 이 세상에만 한정되는 것이 아니라 하늘에까지 들린다는 사실을 우리는 기억해야 한다. 하나님은 미리암의 입에서 나온 말을 기뻐하지 않으셨다.

6. 미움의 죄

"그의 형제를 미워하는 자는 어두운 가운데 있고 또 어두운 가운데 행하며 갈 곳을 알지 못하나니 이는 어두움이 그의 눈을 멀게 하였음이니라"(요일 2:11).

미리암의 죄는 질투에서 시작하여 편견과 미움에까지 진행되었다. 만약 하나님이 그녀를 징계하지 않으셨다면 그녀는 타락으로 끝이 났을 것이다. 오직 하나님의 사랑의 징계(히 12:6)가 미리암을 영원한 영적 불행으로부터 구원했다. 때때로 질병이나 재난은 전적인 영적 어두움으로부터 우리를 구원한다. 진정한 회개는 몸과 영혼의 치유를 가져올 수 있다.

7. 우매한 죄

아론이 이에 모세에게 "슬프다 내 주여 우리가 우매한 일을 하여 죄를 얻었으나 청컨대 그 허물을 우리에게 돌리지 마소서"(민 12:11)라고 말하였다. 미리암의 불평은 그녀 자신이 모세와 함께 지도자가 되어야겠다는 생각에 의한 것으로(사실 그녀는 모세를 갈대 상자로부터 구원한 큰누나였다, 출 2:1~10), 그 불평은 그녀를 정상의 위치 대신 가장 밑바닥으로 몰아넣었다. 그들은 결과적으로 문둥병과 추방을 가져왔던 그들의 **우매함**을 고백해야만 하였다.

참고

모세는 아론과 미리암의 불평에 대하여 자신을 변호하는 말을 하지 않았다. 이 성경 본문은 우리에게 모세가 지상에서 가장 겸손한 사람이었음을 가르쳐 준다. 하나님께서 모세는 자신이 지명한 지도자라고 답변하셨다(민 12:6~8).

짧은 기간이지만 미리암은 무서운 문둥병에 걸렸다. 그녀는 부정한 병에 걸렸으므로 7일 동안 공식적으로 이스라엘의 진으로부터 추방되는 고통을 당해야 했다. 문둥병이 나타났을 때 아론은 즉시 회개와 함께 용서를 구했다.

여기서 우리는 미리암도 아론과 함께 진정으로 회개했던 것으로 추정할 수 있다. 아론은 처벌을 받지 않았는데, 이는 아론의 반역이 단지 미리암의 설득에 의한 것이었음을 분명하게 보여주는 것이다. 사실 아론은 대제사장이었기 때문에 만일 그가 문둥병에 걸렸다면 다른 모든 제사장들도 부정하게 될 수밖에 없었다.

아론은 자신과 그의 누이를 위하여 회개하고 나서 하나님께 미리암의 치유를 간구하였다. 미리암은 결과적으로 치유되었으나, 7일 동안 추방되는 고통을 받아야만 했다. 하나님은 죄를 용서하시고 치유하시지만, 죄의 상처는 남아 미리암은 죽기까지 이스라엘의 정복 기사에 더 이상 등장하지 않는다(민 20:1).

- 미리암의 이야기를 통하여 어떤 교훈을 얻을 수 있는가?

- 일곱 가지 죄 중에서 당신에게 가장 우려되는 것은 어떤 죄인가?

- 당신은 어떤 방법으로 그 죄를 다루겠는가?

미리암의 병은 중대한 죄의 결과였고, 미리암의 병을 치유하신 하나님의 한량없는 자비하심은 모세의 믿음의 기도에 대한 응답이었다.

병든 사람들 중 대다수는 그들의 병이 그들 자신의 죄의 결과라는 느낌을 가지고 있다. 많은 경우, 병은 단순히 어떠한 자연적인 원인에서 생긴 결과이다. 그러나 만약 어떤 병이 하나님으로부터 온 징계라면, 그 당사자는 하나님이 믿음의 기도에 대한 응답으로 미리암을 치유하셨다는 사실에 용기를 얻을 수 있다. 미리암의 죄와 비교해 볼 때, 평범한 사람들의 범죄는 더 작을 것이다. 만약 당신이 병들었거나 당신의 질병이 하나님으로부터 온 징계라고 느낀다면, 당신은 "하나님은 그의 사랑하는 자를 징계하신다"는 말씀 안에서 즐거워하여야 한다. 만약 당신이 당신의 의지나 행동을 바꾸는 진정한 회개를 했다면, 하나님의 치료를 간구하거나 장로들을 청하라. 그러면 당신의 병은 치유될 것이다.

- 하나님이 행동 또는 목적의 변화를 가져오는 회개를 시키기 위하여 어떤 사람을 징계하시려고 한다면 얼마나 많은 현대적 방법이 있다고 생각하는가?

- 미리암의 죄들이 오늘날의 교인들에게서 흔히 찾아볼 수 있는 것이라고 생각하는가?

- 성구 사전을 사용해서 신약 성경에서 얼마나 많은 구절들이 미리암의 죄(들)에 대해 다루고 있는지 찾아보라.

- 육체적 질병을 제외하고, 우리 사회 안에서 병으로 밝혀진 것들에 대해 얼마나 알고 있는가?

- 어떻게 이러한 현상들과 죄를 연결시킬 것인가?

- 이러한 관점에서 당신이 치유를 위한 기도를 해주어야 할 사

람들을 적어 보라.

시편 107편에서의 회개의 경우

시편 107편의 기자는 매우 평범한 사람들의 경험을 통하여 사람들을 네 개의 그림을 보는 듯한 문장으로 묘사했는데, 이것은 (1) 방랑자 (2) 죄수 (3) 병과 재난을 당한 자 (4) 폭풍으로 조난당한 자이다. 이들은 모두 다섯 단계를 지나는데, 자만(11절), 재난(12,16,18절), 회개(19절), 구원(20절), 그리고 감사로의 부름의 단계(22절)이다.

시편 기자의 첫 번째 언급은 이스라엘의 바벨론 포로와 귀환이다. 영감으로 기록된 이 성경은 본래의 독자들뿐만 아니라 이와 같은 실패, 구원, 그리고 영적인 성장이 필요한 모든 시대의 사람들에게 이야기하고 있다.

위에 있는 성경 구절들은 시편 107편에 있는 그림을 보는 듯한 여러 문장들 가운데서 뽑은 것들이다. 이러한 단계들은 위에 있는 네 부류의 사람들 모두가 같이 경험하는 것들이다. 하나님은 대체적으로 비슷한 행동 양식 안에 있는 죄인들을 다루실 뿐 아니라, 일정한 구원의 방식—즉 죄에 대한 깨달음, 믿음, 회개, 구원, 감사의 예배—으로 그들을 구원하시고 구출하신다.

• 시편 107편 4~9절에서는 어떤 종류의 사람과 재난에 대하여

기술하고 있는가?

- 10~16절에서는 어떤 종류의 사람과 재난에 대하여 기술하고 있는가?

- 17~22절에서는 어떤 종류의 사람과 재난에 대하여 기술하고 있는가?

- 23~32절에서는 어떤 종류의 사람과 재난에 대하여 기술하고 있는가?

보충 설명

시편 107편에서의 질병은 범죄에 대한 형벌이다. 죄를 범한다는 것은 알고 있는 순종의 테두리를 제멋대로 벗어나는 것을 말한다. 형벌은 직접적인 하나님의 의지의 행동이라기보다는 우리가 축복에서 벗어남으로 인하여 생기는 간접적인 결과인데, 이것은 하나님의 의지 안에서 이루어진다.

그러나 구원은 진정한 회개로부터 온다. 사람들은 종종 재난이 닥

치기 전까지 하나님을 찾지 않는다. 우리에게 다가오는 뜻밖의 어려움이나 중한 병의 폭풍은 우리가 알지 못하거나 또는 아는 사이에 생기는 영적인 퇴보를 막아 준다.

본문은 만약 우리가 회개의 심령과 구속을 위한 눈물로 주님을 찾기만 하면, 재난은 반대로 또는 결과적으로는 영적, 육적인 치유를 가져다준다는 의미를 함축하고 있다. 주님은 우리의 간구를 듣기 원하시며, 들으신 후에는 '그의 말씀'으로 우리를 치료하신다(20절).[8] 여기에 대한 좋은 예는 누가복음 5장 17~26절에 나타난 중풍병자를 치료하시는 예수의 사역에서 찾아볼 수 있다.

중풍병자의 치유(눅 5:17~26)

누가복음에는 이 중풍병자의 과거의 삶이나 경험에 대한 언급은 없다. 그러나 우리는 그의 병이 어떤 면에 있어서 그의 과거의 죄인된 삶과 관련이 있을 것이라고 유추해 볼 수 있는데, 그 이유는 그 사람이 획기적인 방법으로 그의 믿음을 나타내 보였을 때 예수께서 그를 향하여 "네 죄 사함을 받았느니라"고 하셨기 때문이다.

치유받은 중풍병자의 마음의 변화는 매우 헌신적인 그의 이웃들의 의심 없는 믿음의 결과였다. 왜냐하면 그들이 그에게 예수의 가르침과 위대한 치유의 능력에 대하여 말해 주었을 것이기 때문이다. 이 중풍병자는 예수를 만나기 원했지만 도저히 자신의 혼자 힘

8) Ibid., 848, "Kingdom Dynamics: Deliverance from Our 'Destructions.'"

으로는 가르치며 치유하시는 예수께 갈 수 없었다. 실제적으로 그는 자신의 병으로부터 구원되는 경험을 하기 이전에 여러 가지 장애물들을 잘 극복하였다.

첫째, 그에게는 체념이라는 극복해야만 하는 장벽이 있었다. 오랜 기간 동안 장애자로 지내는 사람들은 자신들의 병에 순응하게 되고, 곤경에 자신을 맡길 뿐만 아니라, 그 안에서 안주하려 한다. 이것은 하나의 정신적인 장벽이다. 다행스럽게도 그 중풍병자의 친절한 이웃들은 그를 일깨워 주었고 다시 걷는 것에 대한 기대를 갖게 하였다.

둘째, 그는 사회적 장벽을 가지고 있었을 것이다. 활동적인 사회로부터 오랫동안 격리되어 있었기 때문에 공공장소에서 군중들 앞에 구경거리가 되는 것을 싫어했으며, 마음이 약해지고 수줍어했을 것이다. 그는 이웃 친구들이 전해 준 예수의 자비의 사역 곧 위대한 구원과 용서에 대한 이야기를 듣고 자기 자신을 내던지는 데 필요한 용기를 얻었다.

셋째, 걸어서 그 모임 장소까지 갈 수 없는 육체적 장벽이 있었다. 그의 이웃 친구들은 그를 위하여 이것을 극복해야 했다. 더욱이 호기심 많은 군중들과 갈급한 자들 때문에 문에 접근하는 것조차 어렵게 되자, 그들은 외부의 사다리를 이용, 지붕 위로 올라가 지붕을 뜯고 그를 들것에 실어 예수 앞으로 내려보냈다.

넷째, 사탄에 의한 영적인 장벽도 있었다. 예수의 종교적인 대적자들도 그 모임에 참석하고 있었는데, 그들은 거기서 예수와 논쟁하면서 예수의 죄 사함의 권리를 부정하였다. 이미 중풍병자는 그의 사심 없는 이웃들의 도움으로 궁지에 몰렸던 첫 번째 장벽을 극복하였다. 사실상 그들은 성육하는 자비와 사랑의 하나님께 도와달라고 함께 소리쳤다.

중풍병자와 그의 친구들이 보여 준 강한 믿음을 감지하신 예수는 그의 가르침을 멈추고 "이 사람아 네 죄 사함을 받았느니라"(20절)고 말씀하셨다.

당신은 왜 예수께서 먼저, "네 침상을 가지고 집으로 가라"라고 하시지 않고 "네 죄 사함을 받았느니라"고 하셨다고 생각하는가? 죄는 모든 인간이 경험하는 딜레마의 밑바닥에 자리잡고 있기 때문이다. 거룩하신 하나님께서 우리를 위하여 하시는 일 모두는 죄에 대한 희생제사에 기초를 둔 것이다. 그와 우리의 교제를 위해 죄는 당연히 속량되어야 한다. 진정한 자유를 위해 먼저 죄가 다루어져야 했다. 예수께서 "네 죄가 사하여졌다"라고 말한 이유는, 그의 십자가의 길이 죄에 대한 우리의 속죄제물이 되었기 때문이다.

가까이에서 고난받으실 구원자로서의 예수가 하는 일을 바라보면서도 바리새인들은 죄를 사하시는 예수의 권리를 부인하였다. 이에 예수께서는 그들에게 "네 죄 사함을 받았느니라"는 말과 "일어나 걸어가라"는 말과 어느 것이 더 쉽겠느냐고 질문하셨다. 무

관심한 청중이라도 쉽게 "네 죄 사함을 받았느니라"라는 말이 쉽다고 말할 것이다. 왜냐하면 사람이 죄 사함을 받았는지 그렇지 않은지를 판단하기 위해서는 아무것도 볼 필요가 없기 때문이다. 그러나 "일어나 걸으라"라고 한다면 그것은 군중들 앞에서 그 사람을 일으킬 만한 능력이 있어야 한다.

그러나 예수는 "네 침상을 들고 걸어가라"는 말이 더 쉬웠다. 왜냐하면 그는 병든 자를 낫게 할 만한 전능자이기 때문이다. 그러나 그가 "네 죄가 사하여졌다"라고 말하기 위해서는 갈보리의 쓴 잔을 맛보아야 했고, 그 자신의 십자가를 져야 했다. "율법을 좇아 거의 모든 물건이 피로써 정결케 되나니 피 흘림이 없은즉 사함이 없느니라"(히 9:22).

능력은 항상 사랑과 자비보다 쉽다. 예수가 중풍병자에게 "네 죄가 사하여졌다"라고 하지 않고 "일어나 걸으라"고만 말했다면 그에게 무슨 유익이 있겠는가? 중풍병이 치유되었기 때문에 그는 몇 년 동안 평안히 지낼 수 있었을 것이다. 그러나 그는 죄 사함까지 받았기 때문에 부활하신 예수 그리스도와 같이 부활할 것이며 영원한 보좌에 그리스도와 함께 앉게 되었다(엡 2:1~10).

제 4 장

치유와 믿음의 기도

(막 5:24~34)

허드슨 테일러(Hudson Taylor)의 전기를 읽어 보면, 그가 1870년 11월 18일에 그의 친구에게 써 보낸 이야기가 나온다. 그는 마가복음을 헬라어 원문으로 읽는 도중 갑자기 이상하게도 세 단어로 된 짧은 문장에 관심이 갔다. 그래서 흠정역 영어성경(KJV)을 찾아보니 "하나님을 믿으라"고 되어 있었다. 그는 이 번역 부분이 헬라어 원문과 다르다는 생각을 갖게 되었다. 그래서 그는 이 부분을 "하나님의 신실하심을 붙잡으라"고 고쳐 읽었다.

그의 말에 따르면, 이 발견은 자신의 많은 어두운 생각을 밝게 해 주었고 큰 힘이 되었다고 한다. 이 말씀은 그에게 진정한 믿음의 기초가 되었다.

하나님은 모진 시련을 겪고 있는 이 위대한 선교사를 마가복음 11장 22절로 지혜롭게 권고하셨다. 대부분의 성경 번역본들은 이 구절을 "하나님을 믿으라"고 번역하고 있는데, 이것은 우리 기독교인들의 경험에 비추어 볼 때 모든 믿는 자들이 따라야 할 권고이다.

그러나 때때로 우리는, 어떤 환경 가운데서도 그의 자녀들을 결코 버리지 않는 하나님의 **성실하심**에 대하여 잊어버린다. 믿음은 하나님의 신실한 약속을 **붙잡는** 것이며, 그중 하나는 우리의 몸을 치료하신다는 약속이다.

신약성경에서 나타나는 두드러진 믿음을 가진 훌륭한 사람들 가운데 한 사람은, 예수와 그녀 사이에 있는 군중들 때문에 도움을 청할 수 없는 상황에도 불구하고 예수의 옷자락을 만진 여인이다. 지금 이 책을 읽는 것을 멈추고 마가복음 5장 21~34절과 누가복음 8장 43~48절을 읽되, 이 구절들에서 특별히 **만지다**(touch)라는 말을 주의하여 읽어 보라.

이 이야기에 나오는 중심 단어는 **만지다**이다. 이 이야기에서 다섯 번 예수의 옷을 만졌다는 구절이 나온다. 이 여인의 만짐에 대한 특성에 대하여 살펴보기로 하자.

필사적인 만짐

그녀는(우리는 그녀의 이름을 알지 못한다) 의사들이 치료할 수 없어 포기한 12년 된 중병을 가지고 예수께 왔다. 그녀는 자신이 알고 있는 모든 수단과 방법에 의존하였으나 치료받지 못하고, 이제 예수가 자신을 도와줄 것이라는 마지막 소망을 가지고 예수를 찾아왔다. 그녀는 병들었고 이제 남은 돈도 없었다.

그녀가 모세의 법을 어긴 것을 볼 때, 그녀의 절망은 극에 달한 것이 분명하다(레 15장). 그녀의 병의 특성 때문에 제의적으로 그녀는 부정한 여인이었다. 그러므로 사람들에게 다가가는 것이 그녀에게는 율법을 어기는 것이었고, 돌에 맞아 죽을 수도 있었다. 그녀가 밀집한 군중들을 밀어 헤치고 나갔다는 것은 심각한 율법의 위반이었다.

그럼에도 불구하고 그녀는 사람들의 이목을 끌지 않는 범위에서 예수의 옷자락이라도 잠시나마 만지려는 소망을 가지고 행동하였다. 그러므로 예수가 그녀를 불러냈을 때, 그녀는 매우 놀랄 수밖에 없었다.

예수를 따르던 수많은 군중 때문에 연약한 사람이 그에게 가까이 간다는 것은 거의 불가능하였다. 또 예수는 그의 제자들과 함께 그의 자비의 사역을 완성하기 위하여 가능한 신속하게 그가 원하는 방향으로 움직였기 때문에 움직임이 둔한 사람이 계속하여 예수를 따른다는 것은 불가능한 일이었다. 그럼에도 불구하고 그녀가 움직이는 행렬 사이를 뚫고 간 것은, 그녀가 목적하는 곳에 이르게 해주었음을 말해 준다.

예수의 사역의 본질은 어떤 것에도 방해받지 않는다는 것이다. 예수는 방금 회당장으로부터 죽은 그의 딸을 위하여 와서 기도해 달라는 요청을 받았다. 이 사태의 긴급성을 알고 있는 사람들은 누구나 생사가 달린 사역을 하러 가시는 주님을 지연시키지 않았다. 이 일은 성공보다는 실패할 가능성이 더 많은 상상조차 하기 어려운 계획이었다.

믿음의 만짐

주께로 나아가는 길의 모든 장애물에도 불구하고, 오직 진실하고 생명력 있는 믿음은 그녀로 하여금 계속해서 구하는 자가 되게 하였다. 이 여인은 "만약 내가 그의 옷을 만지기만 하여도 나는 낫게 될 것이다"라고 확신하였다.

- 당신은 무엇이 여인의 마음에 그러한 확신을 심어 주었다고 생각하는가?

그녀가 치유의 현장을 목격했는지, 그의 이웃이나 친구로부터 들었는지, 또는 갈릴리로부터 온 자비로운 선생에 관한 이야기를 누구로부터 전해 들었는지는 알 수 없으나, 그녀는 예수의 치유의 능력에 대해 알고 있었던 것으로 보인다. 그녀는 예수를 만지기만 하면 자신이 바라는 치유가 일어날 것과 자신이 지난 12년 동안 헛된 곳에서 구했다는 것을 확신하고 있었던 것으로 보인다. 주께서 그녀의 갈급한 영혼에 그러한 믿음을 주셨다. 결국 믿음은 주께로부터 오는 선물이다.

그녀는 "이러한 마술적인 만짐이 어떤 도움을 주기를 바란다"라고 말하지 않고, "만약 내가 그의 옷을 만지기만 하여도 나는 낫게 될 것이다!"라고 하였다. 이 말은 그녀의 믿음을 한 문장으로 표현하였다. 그녀가 예수께 왔을 때, 예수는 그녀에게 "네 믿음이 너를 구원하였느니라"라고 말씀하셨다.

용어 설명

믿음(faith). 피스티스(pistis). '신념', '신용', '신뢰', '확신', '의지', '신앙'을 의미한다. 신약 성경에서의 '피스티스'는 하나님과 그가 말씀하신 모든 것의 신뢰와 의존, 확신, 하나님이 주신 내적 확신의 원리로 나타난다. 이 단어는 때때로 믿음의 대상 또는 내용을 가리킨다.[9)]

믿다(believe). 피스테우오(pisteuo). '피스티스'의 동사형. 이것은 '무엇을 신뢰하다,' '믿음을 가지다,' '충분히 깨닫다,' '인정하다,' 그리고 '신뢰하다'를 의미한다. '피스티스'는 교회의 교리 또는 신조를 신용하는 것 이상이다. 이것은 순종을 만들어내는 개인적인 신뢰와 의지를 나타낸다. 이것은 예수가 주인 되심에 대한 고백과 그에 대한 순종을 포함하고 있다.[10)]

아래의 성경 구절에 나타나는 믿음의 중요성, 필요성 그리고 그 결과에 대하여 짧게 기술하라.

9) Ibid., 1492, "Word Wealth: 11:22 faith."
10) Ibid., 1704, "Word Wealth: 10:9 believe."

- 마태복음 15:28

- 마태복음 21:22

- 마가복음 16:17

- 누가복음 5:20

- 누가복음 7:9

- 누가복음 7:50

- 누가복음 8:50

- 누가복음 17:5

- 사도행전 6:5~6

- 고린도전서 12:9

변화시키는 만짐

개인적 특질을 회복시키는 신유의 능력에 대한 믿음의 개념을 살펴보는 것은 흥미있는 일이다.

우리는 예수의 옷자락을 만진 이 여인이 가난과 심한 질병 그리고 그녀의 제의적인 부정으로 말미암아 사회적으로 고립되었을 것이고, 따라서 그녀는 적어도 많은 군중들의 눈에 **하찮은 존재**로 보였을 것이라고 말할 수 있다. 그러나 그녀가 필사적인 믿음을 가지고 예수를 만졌을 때, 이 사건은 그녀를 ***대단한 인물***(somebody)로 만들어 주었다. 그녀가 만졌을 때 예수께서는 "누군가 나를 만졌다"(Somebody touched me!)라고 말씀하셨다. "내게 손을 댄 자가 누구냐"라는 말에 놀란 제자들은 예수께서 "주여 무리가 옹위하여 미나이다"라고 말했다. 그러나 예수께서는 "내게 손 댄 자가 있도다 이는 내게서 능력이 나간 줄 앎이로다"라고 말씀하셨다.

누가복음 8장 43~48절까지 계속해서 읽어 보면 예수께 '모여드는 것'과 그를 '만짐'에는 대단한 차이가 있다는 것을 알게 된다. 예수가 복음을 전하는 곳에는 많은 사람들이 몰려들지만, 오직 소수의 적은 사람들만이 긍정적인 믿음으로 그를 실제적으로 만진다.

"누군가"라는 칭호는 단지 말장난(play on words)에 지나지 않는 것처럼 보인다. 그러나 우리가 본문을 계속 읽다 보면, 예수께서 그 여인에게 "딸아 네 믿음이 너를 구원하였다"라고 말씀하심을 볼 수 있다.

그 날 인간의 평가로는 하찮은 사람(nobody)이 관심의 초점이 되는 어떤 인물(somebody)이 되었을 뿐 아니라 '하나님의 딸'이 되었다. 그녀는 모든 사람들 중에 보잘것없는 자였으나, 결과적으로는 예수뿐 아니라 그의 제자들, 많은 군중들 그리고 야이로 집에서 온 사람들에게까지 관심의 초점이 되었다. 그녀에게 일어난 일이 무엇을 의미하는지 분명하게 밝혀지기까지 모든 활동이 중단되었다.

현대인들은 자신을 '어떤 인물'로 만들기 위하여 자신의 이름을 내려고 한다. 그러나 많은 사람들은 잘못된 길에서 헤매고 있다.

예수 그리스도를 구세주와 주님으로 고백하는 것만이 진정으로 '어떤 인물' 이 될 수 있는 길이다. 그의 사랑의 길을 따라가는 사람들은 새 이름을 얻게 된다.

이 여인은 은밀히 예수를 만지고자 했다. 그러나 예수가 자신을 만진 사람을 알고자 원했을 때 그녀는 도망갈 수 없었다. 그녀는 예수에게 그녀가 취한 행동에 대하여 이야기했다. "여자가 스스로 숨기지 못할 줄 알고 떨며 나아와 엎드리어 그 손 댄 연고와 곧 나은 것을 모든 사람 앞에서 고하니"(47절).

지금도 누구든지 믿음으로 예수를 만지는 사람은 그의 가족의 일원이 될 수 있다. 그들이 치유의 은혜를 경험할 수 있는 것은 예수의 사랑과 도움 때문이다. 주님은 그녀에게 무슨 일이 일어났는지 알리지 않은 채 그녀가 돌아가는 것을 원치 않으셨다. 이 여인은 그녀의 믿음이 단순히 마술적인 치유만이 아니라 영원한 관계를 맺게 했다는 것을 들었을 것임에 틀림없다. 그녀는 단지 어떤 것을 얻은 것이 아니라 온 우주에서 가장 귀중한 분 곧 그리스도를 얻었다. 예수는 그녀에게 그녀의 경험이 단지 육체적인 고통의 끝을 의미하는 것이 아니라 새 생명과 영원한 행복의 시작이라고 말씀하신다.

예수의 옷자락을 만진 여인에 대한 이야기는 넓게 퍼져 나갔을 가능성이 있는데, 이것은 비슷한 방식의 치유가 대규모적으로 일어난 것에서 발견할 수 있다.

"아무 데나 예수께서 들어가시는 마을이나 도시나 촌에서 병자를 시장에 두고 예수의 옷가에라도 손을 대게 하시기를 간구하니 손을 대는 자는 다 성함을 얻으니라"(막 6:56).

절망에 빠진 이 여인에게 이런 일이 일어나는 동안, 예수께 와서 걱정스럽고 초라한 모습으로 기다리는 회당장이 있었다. 그는 딸을 위하여 예수께서 그의 집에 오셔서 기도하여 주시기를 기다리고 있었다. 그러나 그가 기다린 보람도 없이 그의 딸이 죽었다. 왜 예수께서는 회당장의 딸이 죽어가고 있는데도 이 '하찮은 사람'과 시간을 보내셨는가? 왜 예수는 그의 집에 '너무 늦게' 가신 것일까?

- 누가복음 8장 49~56절을 읽고, 여기에서 어떤 믿음의 행위가 능력을 체험하게 했는지 알아보라.

- 어떤 경우 믿음에 의심이 생기는가?

예수께서는 결코 늦게 도착하시거나 뒤늦게 행하지 않으신다. 예수께서는 야이로의 집에서 어떤 일들이 일어날 것인지를 잘 알고 계셨다. 결국 누가의 기록대로 기쁨으로 모든 일이 끝나지 않았는가?

야이로의 경험은 우리로 하여금 나사로의 죽음과 부활을 생각나게 한다(요 11장). 마르다가 예수께 "주께서 여기 계셨더면 내 오라비가 죽지 아니하였겠나이다"라고 말했을 때, 예수님은 그에게 "네 오라비가 다시 살리라……나는 부활이요 생명이다"라고 말씀하셨다. 예수께서는 서두르지 않으셨고 또한 결코 늦게 도착하지도 않으셨다. 그분의 눈을 피하여 숨길 수 있는 것은 아무것도 없었다. 그분은 결코 우리의 필요를 잊지 않으신다. 뿐만 아니라 결코 실패하지도 않으신다. 그분은 야이로의 가족들에게 "두려워 말고 믿기만 하라"고 말씀하셨다.

우리는 예수가 병든 여인 때문에 지체하신 것에서 매우 중요한 교훈을 배울 수 있다. 하나님은 시간이 없어서 그의 자비의 사역을 완성하지 못하는 분이 아니시다.

많은 사람들은 하나님이 수많은 기도에 응답하셔야 하기 때문에 개인적인 요구를 다 들어 주실 수 없다고 생각하여 믿음이 연약해진다. 사탄은 우리에게 "온 세계에는 나의 문제보다 더욱 중요한 문제를 탄원함으로써 은혜의 보좌를 공격하는 수백 만의 가난한 사람들이 있는데, 어떻게 내가 하나님으로부터 기도 응답을 기대할 수 있을까?"라고 질문함으로 우리를 시험한다. '수십 억의 사람들이 예수가 가까이 와 주기를 원할 텐데, 어떻게 그분이 나와 동행하실 수 있을까?'

이런 것들은 쓸데없는 의심이다. 이것 대신에 우리는 성경을 통하여 하나님은 전지전능하시고, 우리에게 허락하신 성령이 우리 각자 안에 **개인적으로** 함께하신다는 확신을 가져야 한다.

그분은 시간과 공간 그리고 환경에 제한을 받지 않는 무한한 하나님이시다. 힘없는 연약한 사람이라도 중앙 컴퓨터 은행에 있는 모든 사람들의 이름을 얻어 낼 수 있고, 또 사람이 만든 텔레비전을 통해서 우리는 세계에서 어떤 일들이 일어나고 있는지를 알 수 있지 않은가? 이렇듯 사람이 만든 방법으로 다른 사람의 은행 잔고를 어디서든지 확인할 수 있다면, 측량할 수 없는 우주를 만드신 하나님은 세계 안에서 무슨 일이 일어나든지 확인할 수 있으시다.

적용

선지자 이사야의 말씀은 우리로 하여금 하나님의 한량없으신 능력과 지혜에 대하여 생각나게 해준다.

"거룩하신 이가 가라사대 그런즉 너희가 나를 누구에게 비기며 나로 그와 동등이 되게 하겠느냐 하시느니라 너희는 눈을 높이 들어 누가 이 모든 것을 창조하였나 보라 주께서는 수효대로 만상을 이끌어내시고 각각 그 이름을 부르시나니 그의 권세가 크고 그의 능력이 강하므로 하나도 빠짐이 없느니라 야곱아 네가 어찌하여 말하며 이스라엘아 네가 어찌하여 이르기를 내 사정은 여호와께 숨겨졌으며 원통한 것은 내 하나님에게서 수리하심을 받지 못한다 하느냐 너는 알지 못하였느냐 듣지 못하였느냐 영원하신 하나님 여호와, 땅 끝까지 창조하신 자는 피곤치 아니하시며 곤비치 아니하시며 명철이 한이 없으시며"(사 40:25~28).

오늘밤에 시간을 내서 온통 별들로 뒤덮인 하늘을 바라보라. 그리고 이 본문의 말씀을 생각해 보라. 그리고 당신을 향하신 하나님의 능력과 그의 돌보심을 즐거워하라.

예수의 옷자락을 만진 여인은, 하나님이 진정한 믿음을 선물로 주심에 대한 한 사람의 본보기이다. 또 다른 놀랄 만한 큰 믿음의 본보기는 예수에 의하여 자신의 종이 고침받은 백부장(로마군의 장교로서 백 명 정도를 지휘함)이다. 당신의 성경을 펴서 누가복음 7장 1~10절을 읽고, 백부장이 예수께 온 특별한 이유를 찾아보라.

백부장은 매우 특별한 사람이었다. 예수께서는 마치 평범한 믿음을 가진 한 이방인을 발견하고 놀라신 것처럼 그에게 놀라셨다. 백부장은 '주님을 놀라게 한 사람'으로 불렸을지 모른다. 예상과는 달리 신약성경에 나타난 로마의 백부장은 감탄할 만한 인격의 소유자였다. 가버나움 백부장의 인격에는 여러 가지 놀랄 만한 특징이 있다.

1. 그는 매우 인간적이었다.

그는 그의 종(노예)을 사랑하였다. 많은 로마 군인들은 병든 노예를 죽도록 방치해 두었다. 그러나 유대인에게 회당을 지어 준 이 백부장은 유대인의 장로들로 하여금 예수께 간청하여 자신의 종을 치유해 주도록 부탁했다. 그의 이러한 동정심은 그가 선하고 깊은 인격의 소유자임을 나타내 주었다.

2. 가버나움 내에서 명령권을 가진 이 로마 지휘관은 관대한 사람이었다.

유대인의 장로들은 그가 유대 민족을 사랑한다고 말했다. 교육받은 로마인들은 실제로 이교의 남신들이나 여신들을 믿지 않았는데, 그들 중 일부는 유대인의 믿음을 받아들였다. 유대교로 개종한 사람 같지는 않지만, 이 백부장은 유대인의 믿음을 존중하였고 동시에 예수를 진실히 믿는 사람이었다.

3. 백부장은 매우 겸손한 사람이었다.

장로들은 그에 대하여 말하기를 이러한 호의를 '베풀어 줄 만하다' 또는 '합당하다' 고 말했다. 그럼에도 불구하고 이 백부장은 예수께 전갈을 보내어 "내 집에 들어오심을 나는 감당치 못하겠나이다"라고 말했다. 그가 가버나움에서 가장 저명한 인사 중에 한 사람이었음에도 불구하고 한 말이다.

4. 그는 놀랄 만한 지각을 지닌 사람이었다.

그는 진정한 권위를 알고 있었다. 군대의 장교로서 그는 그의 부하들에게 절대적인 권위를 가지고 있었다. 로마 군대의 군기에 대하여 만약 지휘관의 멈추라는 명령이 없으면 군인들은 낭떠러지 위로라도 행진할 것이라는 이야기도 있다. 그럼에도 불구하고 현명한 지휘관들은 그들의 권위를 남용하지 않았다. 이 백부장은 권위에 대하여 알고 있었는데, 그것은 그도 자기의 상관의 권위 아래 있었기 때문이다. 권위에 대하여 알고 있다고 하면서 권위 아래서 일하려 하지 않는다면 이것은 의심스러운 일이다.

이 백부장은 그의 부하로부터 완전한 순종을 요구하였으며, 그 또한 그의 상관에게 그와 같이 할 준비가 되어 있었다. 그는 예수께서 멀리서라도 그의 종에게 건강하라고 말씀하실 권위와 능력을 가지고 계시다는 것을 지각하고 있었다. 아마 그는 시편의 "저가 그 **말씀**을 보내어 저희를 고치사 위경에서 건지시는도다"(시 107:20)를 읽었을 것이다. 백부장의 말이 그의 군인들에게 결정적이었던 것처럼, 모든 자연의 세력들과 어떤 환경에 대해서라도 예수의 말씀은 결정적이었다. 이것을 백부장은 인식했다.

5. 예수는 백부장에 대하여 "이스라엘 중에서도 이만한 믿음은 만나 보지 못하였노라"고 말씀하셨다.

마치 여인이 예수의 **옷자락이라도 만지기만 하면** 완전해질 것을 알고 있었던 것처럼 이 백부장은 한 치의 의심도 없이 예수가 치유에 대하여 **말하기만 하면** 그의 종이 온전해질 것을 알았다. 두 경우 모두 큰 믿음을 가지고 있었는데, 다만 여인에게는 육체적인 만짐이 필요했고, 백부장에게는 멀리 떨어져 있는 그의 종을 향한 예수의 치유의 말씀이 필요했을 뿐이다.

그렇다고 해서 육체적인 접촉 즉, 장로들이나 다른 사람들로부터 안수 기도 받는 것의 가치를 평가절하해서는 안 된다. 병든 사람을 위하여 기도하는 많은 사람들은 접촉의 유용성에 대하여 강조한다. 어떤 사람들은 유효한 믿음을 가지고 혼자 기도하지만, 그 외의 사람들은 다른 사람들과 그들의 기도의 도움을 받는다. 주목할 만한 기도의 효력은 그룹의 중보기도의 결과로 나타난다. 대도시 안의 큰 부흥회들을 보면, 매일 아침 예배 때마다 성경이 말하는 치유에 대한 진리를 가르치고 치유에 대한 간증을 나눔으로써 그 효력이 일어난다. 공중 예배 시 그들이 서로 손을 얹고 기도할 때 많은 치유가 일어났다. "믿음은 들음에서 **나며** 들음은 그리스도의 말씀으로 말미암았느니라"(롬 10:17).

적용

이 장에서 우리는 치유와 믿음에 대하여 연구하였다. 우리는 치유의 능력과 예수의 사역에 대해 강한 믿음을 갖고 있었던 사람들에 대하여 살펴보았다. 이것들을 통하여 우리는 오늘날 우리의 육체적 치유에 적용 가능한 많은 힌트를 얻었고, 육체적 치유는 예수의 구속 사역으로 우리에게 유효한 것이 되었다.

앞에서 표면적으로 살펴본 두 기사는 매우 평범한 것들을 포함하고 있다. 두 경우 다 믿음은 주께로부터 주어지는 것임을 나타내고 있다. 우리는 보통 적은 믿음을 가지고 있다. 하지만 두 사람이 뛰어난 믿음을 나타내 보일 수 있었던 것은 하나님이 믿음을 수여하셨기 때문이다. 특히 백부장은 예수를 놀라게 할 만한 성숙한 믿음을 나타냈다.

두 사람, 즉 외롭게 살아가는 병든 여인과 대부분의 시간을 군대 막사에서 보내는 백부장이 특별한 믿음을 가지고 있었음을 생각할 때, 우리도 매일 말씀 공부와 정기적인 기도를 통하여 심도 높은 믿음을 가질 수 있음은 두말할 나위가 없다. 우리는 신실한 약속의 말씀을 확실히 붙잡을 수 있다. 하나님의 약속은 인간의 몸과 영혼이 필요로 하는 모든 것들을 다 포함하고 있다.

하나님은 병을 고치기 위하여 어떤 합당한 치료 방법에 의지하는 것을 비난하지 않으신다. 다시 말해, 그분은 지혜로운 사람들에 의하여 발견된 모든 의약품들을 만드신 분이다. 그러나 순전히 신유에 의해서 주어진 치유는 하나님의 축복이며, 기름 부음(anointing)이다. 기도하면서 병을 고치려고 할 때 좋은 결과가 나타난다. 그렇지만 다른 어떤 것도 우리의 마음 중심에 “네 믿음이 너를 구원하였느니라”라고 속삭이는 소리만큼 예수께 가까이 나아가게 만들지 못한다.

제 5 장

치유와 순종

(왕하 5:1~15)

이 장에서는 하나님이 주시는 모든 복과 신유 그리고 순종의 관계와 순종의 중요성을 살펴보는 데 목적이 있다. 히브리서 기자는 예수께서 보여준 하나님께 대한 순종의 모범을 이렇게 기록하고 있다.

"그가 **아들이시라도** 받으신 고난으로 순종함을 배워서"(히 5:8).

다음은 겟세마네 동산에서의 예수의 결정적인 결단에서 인용한 것이다.

"내 아버지여 만일 할 만하시거든 이 잔을 내게서 지나가게 하옵소서 그러나 나의 원대로 마옵시고 아버지의 **원**대로 하옵소서"(마 26:39).

하나님의 의지에 대한 무조건적인 순종이 우리의 구속 사역을 위해 필수적인 것이므로 그의 축복을 구하는 사람이 주께 순종하는 것은 얼마나 중요한가?

순종에 대하여 강조하고 있는 열왕기하 5장 1~15절을 먼저 살펴보자. 성경을 펴서 읽고 아래의 질문에 답해 보라.

- 중심 인물은 누구인가?

- 중심 내용은 무엇인가?

- 어떠한 행동에서 믿음을 발견할 수 있는가?

이것은 시리아(아람)의 위대한 장군이지만, 문둥병에 걸린 사람에 대한 이야기이다. 그는 군대의 지휘관으로 성공을 한 사람이었으나 나병환자였다. 시리아의 왕으로부터 인정받는 실력자이자 존경받는 자였으나 나병환자였다. 왕과 나병환자 나아만은 이 흉악한 질병과 그것의 두려움으로부터 벗어나기를 원했지만, 단지 쓸데없는 소망일 뿐이었다.

구약성경에서 죄의 한 '상징' 이었던 문둥병은 치료받을 수 없는 것으로 여겨졌고, 이 치욕스러운 저주로부터 벗어난다는 것은 그의 모든 노력에도 불구하고 도저히 '성취 불가능한 꿈'에 불과하였다.

그럼에도 불구하고 하나님은 그분의 섭리 가운데서 시리아 왕과 그의 궁정을 향하여 힘과 주권을 나타냈는데, 하나님은 나아만의 집안에 겸손하고 충성스러운 여종 하나를 두셨다. 그녀는 이스라엘에서 잡혀 온 소녀로, 나아만이 그의 나라에 있는 위대한 선지자 엘리사를 찾아가기만 하면 문둥병을 치료받게 될 것이라고 믿었다.

우리는 이 여종으로부터 세 가지 사실을 알 수 있다.

1) 그녀는 주 하나님을 믿는 신실한 사람이었다.
2) 그녀는 병든 장군의 집에 있게 된 그녀를 향한 하나님의 섭리를 잘 알고 있었다.
3) 그녀는 하나님의 구원과 그분의 치유의 능력을 증거함에 있어서 영적 담력을 가지고 있었다.

하나님께 사용되기 원한다면 하나님의 구속의 능력에 대한 믿음과 하나님에 대한 헌신을 유지해야 한다. 이것은 기도와 성경 공부 그리고 증거를 통하여 가능한 일이다. 더욱이 매일 판에 박힌 테두리 안에 있는 우리를 속박하려는 사탄의 올가미를 피하기 위하여 우리는 어떤 대가라도 지불할 준비가 되어 있어야 한다. 우리는 어디서든지 하나님의 능력과 긍휼을 증거해야 하는 주의 종이라는 확신을 가지고 있어야 한다. 마지막으로, 두려움을 극복하고 승리를 얻기 위해, 또 담대한 은사를 얻기 위해 정기적으로 기도해야 한다.

잡혀 온 이 소녀가 믿음직한 증인이 되지 못했다면, 나아만은 문둥병으로 죽었을 것이고, 시리아는 지극히 높은 하나님을 경외하고 믿는 위대한 지도자를 갖지 못했을 것이다. 이 히브리 소녀는 그녀가 사로잡혀 온 것에 대한 깊은 원한을 가지고 있었을 것이나, 그녀가 하나님께 순종했기 때문에 수천 년 동안 이 책을 통하여 그녀의 성실함이 이야기되었다. 하나님은 천국에 그의 순종하는 자녀들에 관한 책을 가지고 계신다. "이러므로 우리에게 구름같이 둘러싼 허다한 증인들이 있으니 모든 무거운 것과 얽매이기 쉬운 죄를 벗어버리고 인내로써 우리 앞에 당한 경주를 경주하며"(히 12:1).

- 이 여종의 실례에서 배울 수 있는 충성된 증인이 될 수 있는 원리는 무엇인가?

1.

2.

3.

하나님께서는 그분의 목적을 이루시기 위해서 높은 지위에 있는 사람들을 사용하는 대신 비천한 사람들을 사용하신다. 나아만은 시리아의 왕과 이스라엘의 왕을 통하여 엘리사에게 나아가려 했으나, 이것은 오히려 이스라엘 왕을 경악하게 하는 결과만 낳았다.

다행스럽게도 하나님은 엘리사에게 나병환자인 나아만이 올 것을 계시해 주셨고, 그 결과 나아만은 자신이 가면 이 선지자가 의식을 갖추고 앞으로 나아와 손을 흔들며 그가 치료되었음을 선언할 것이라는 기대를 가지고 엘리사의 집 앞에 이르렀다. 하지만 나아만의 기대는 크게 빗나갔다. 엘리사는 나타나지 않고 다만 그의 종이 나와 흙탕물인 요단 강에 가서 일곱 번 목욕하라는 명령을 전달했다.

나아만은 너무 화가 치밀어서 그냥 집으로 돌아갈 뻔했다. 그와 동행하였던 지혜로운 사람들은 치유를 위해 선지자의 말에 순종하도록 그를 설득했다. 이러한 그의 거부는 기적을 방해할 뻔하였다. 우리는 나아만의 내키지 않는 순종의 이유에 대하여 살펴보고자 하는데, 이것은 불합리하다고 생각되는 요구에 대해 불순종하고픈 유혹들과 비슷해 보이기 때문이다.

1. 먼저, 나아만은 흙탕물인 요단 강에 몸을 담근다는 것이 무엇보다 대장군으로서의 그의 위엄을 떨어뜨리는 것으로 생각했다. 그러나 그는 자존심을 포기했다.

- 당신은 앞으로 나가거나, 무릎을 꿇거나, 당신 머리에 기름을 바르거나, 금식 기도 하기를 거역한 적이 있었는가?

- 당신은 당신이 아프거나 당신의 몸 상태가 좋지 않은 것을 시인하는 것을 회피한 적이 있는가?

---

2. 나아만은 비인격적인 절차를 싫어했다.

그는 단순한 순종 대신에 의식을 기대했다. 그는 이 유명한 선지자가 자신에게 보다 정성어린 의식을 행해 줄 것을 기대하였다. 그는 그의 정교한 군사 의식에 상응하는 장엄한 마술을 원했다.

유명한 부흥사들의 기도를 받기 위해 멀리까지 가는 사람들은 결코 자신의 본 교회 제단 앞에 나아가지 않는다. 큰 전도 집회에서 많은 사람들이 치유됨에도 불구하고, 주님은 주님이 어디에나 계시며, '사람이나 장소'에 구애됨 없이 믿음의 기도에 응답하신다고 가르치신다. 야고보서에 나타난 치유의 언약은 우리로 하여금 치유를 위한 최우선적 장소가 지역 교회임을 믿도록 인도한다.

성경에 기록된 여러 가지 치유들을 조사해 보면, 치유(deliverance)에 있어서 순종의 중요성에 대하여 보여준다.

- 미리암은 그녀의 문둥병이 치유되기까지 7일 동안 진지 밖에 남아 있었다.
- 불평에 대한 형벌로 불뱀에 물려 죽어가던 이스라엘 자손들은 치유받기 위해서 장대 끝에 달린 놋뱀을 바라볼 것을 요구받았다.
- 히스기야 왕은 자신에게 사형 선고가 주어졌을 때, 그의 종기

위에 무화과 반죽을 바를 것을 명령받았다.

어떤 사람들은 옛날의 무화과 반죽은 치료약으로 처방된 것이라고 주장한다. 그러나 무화과 열매가 히스기야를 치료한 것이 아니라 하나님의 능력과 자비가 왕의 생명을 15년 더 연장하였다. 무화과 반죽의 사용은 순종의 행위였다.

용어 설명

순종(obedience). 휘파코에(hupakoe). '아래'라는 뜻이 있는 '휘포'와 '듣다'라는 뜻의 '아쿠우오'의 합성어이다. 이 단어는 시키는 것에 대하여 찬성과 동의, 그리고 복종하기 위하여 주의 깊게 경청하는 것을 의미한다. 이 단어는 하나님의 명령에 대한 순종 또는 예수님의 순종 그리고 일반적인 순종을 표현할 때 사용된다.[11]

- 당신은 왜 주님께서 나아만에게 일곱 번씩이나 요단 강에 몸을 담그라고 하셨다고 생각하는가?

- 왜 미리암이 7일 동안 떨어져 있었던 것을 순종의 행위로 볼 수 있는가?

11) Ibid., 1763, "Word Wealth: 10:5 obedience."

- 당신은 왜 이스라엘 백성이 불뱀에 물린 것으로부터 구원받기 위하여 놋뱀을 만들고 또 그것을 바라보라고 요구받았다고 생각하는가?

- 히스기야 왕에게 그의 종기 위에 무화과 반죽을 바르라는 명령이 주어진 것에 대하여 간략히 설명하라. 이 무화과 반죽은 의약품이었는가, 아니면 순종의 행위였는가?

- 하나님 아버지께 가장 순종을 잘한 사람으로 어떤 사람을 뽑을 수 있겠는가?

- 치유에 필요한 어떤 순종의 행위는 오직 구약성경에만 제한된 것이 아니다. 신약성경도 중요한 실례를 보여주고 있다. 누가복음 17장 11~19절을 읽어 보라. 어떤 순종의 행위가 요구되었는가? 그 결과는 무엇인가?

치유에 대하여 생각하는 사람

믿는 사람들 중에는 삶의 방법에 있어서 적당한 음식 조절과 운동법을 거역하는 사람들이 있고, 그들의 몸을 과로 또는 혹사시키는 사람들이 있으며, 또한 해로운 물질에 중독시키는 사람들이 있다.

이와 같이 육체의 남용으로 얻은 병의 경우는 하나님께서 그 병을 치유해 주지 않으신다. 그리고 의사들이 그런 사람들에게 해로운 행동을 그만두도록 충고해 준다.

우리의 몸은 성령의 전이므로 이를 존중히 여겨야 한다. 만일 우리가 육체의 남용으로 인해 생긴 질병을 치유해 달라고 기도한다면, 하나님께서 삶의 스타일을 바꾸셔서 치유가 일어나도록 해야 하실 것이다. 그러나 그것은 비합리적이다. 안 그런가?

순종을 통한 치유에 관한 신약성경의 다른 실례는 요한복음 9장 1~12절의 소경의 치유이다. 이 본문과 아래의 주해를 읽어 보라.

- 제자들에 의하여 진술된 잘못된 추측이지만 일반적인 것은 무엇인가?

- 예수께서 어떤 종류의 순종을 지시하셨는가?

- 예수께서 말씀하신 것에 따르면, 어떤 일을 통해 하나님께 영

광을 돌리게 되었는가?(3절)

이 이야기에서 알 수 있는 것은 **첫째**, 이 사람이 나면서부터 소경된 것은 명백히 죄의 결과나 형벌이 아니었다는 것이다. 그것은 물론 부모의 어떤 죄에서 유전된 것도 아니었다. 그러나 예수의 제자들은 이 사람 또는 그의 부모의 죄에 기인한 것이라고 추측했다. 예수는 그들에게 하나님의 아들을 통하여 이것이 치유됨으로써 하나님께 영광을 돌리기 위하여 그가 병들었다고 설명했다.

둘째, 기적과 신유를 방해하는 사람들은, 이것들이 예수의 신성을 나타내기 위하여 오직 예수 당시에만 사람들에게 주어졌다고 말하는데, 이 말을 뒷받침할 만한 것은 찾아볼 수 없다. 예수께서는, 소경이 치유된 기적은 하나님의 일을 나타내기 위한 것이라고 설명하신다. 하나님의 역사는 **모든** 세대에 나타나야 할 필요가 있으며, 오늘날에도 더욱 그러하다. 예수의 신성은 그의 부활을 통하여 나타났다. 그러나 지금 하나님의 역사는 모든 세대에 있어서 하나님께 찬양과 경배를 드리기 위하여 필요하다.

셋째, 진흙이나 예수의 침에서 어떤 치료적 가치가 발생하지 않았는데, 그 이유는 치유가 실로암의 물로 진흙을 씻기 전까지는 나타나지 않았기 때문이다. 무엇이 이 소경을 치료했는가? 진흙인가, 침인가, 물인가? 순종의 행위가 치유를 위한 조건이었으며, 실제적인 치유의 역사는 예수께서 말씀하실 때 성령의 역사로 나타났다.

단순한 순종의 행위에 의한 치유의 실례는 마가복음 3장 1~5절에서도 찾아볼 수 있다.

> "예수께서 다시 회당에 들어가시니 한편 손 마른 사람이 거기 있는지라 사람들이 예수를 송사하려 하여 안식일에 그 사람을 고치시는가 엿보거늘 예수께서 손 마른 사람에게 이르시되 한가운데 일어서라 하시고 저희에게 이르시되 안식일에 선을 행하는 것과 악을 행하는 것, 생명을 구하는 것과 죽이는 것, 어느 것이 옳으냐 하시니 저희가 잠잠하거늘 저희 마음의 완악함을 근심하사 노하심으로 저희를 둘러보시고 그 사람에게 이르시되 네 손을 내밀라 하시니 그가 내밀매 그 손이 회복되었더라"(막 3:1~5).

마가에 의해 묘사된 이 사람의 순종 행위는 나병 환자들이나 소경의 경우보다는 치유와 적게 연관되어 있는 것처럼 보인다. 단지 손 마른 사람은 일어서서 그의 손을 내밀라는 명령을 받았다. 그럼에도 불구하고 이 사람에게 요구된 행동은 나병 환자나 소경에게 요구된 행동보다 순종하기가 더 어려웠다. 어떤 것보다 더욱 어려운 상황이었다.

사두개인들과 바리새인들은 예수를 비판하였다. 그런데 그들은 그들의 회당에서 예수를 보고자 기다리고 있었다. 따라서 만약 예수가 안식일에 어떤 사람을 치유하였다면 그것으로 그들은 모세의 법을 어긴 예수를 고소할 수 있었다. 랍비들은 안식일에는 생사가 달린 문제가 아닌 이상은 병자를 고쳐 주지 못하도록 했다. 따라서 안식일에 마른 손을 고치는 것은 좋지 않은 것으로 결론짓고 있었다. 예수는 마른 손을 치유하는 것을 다음날로 미루실 수도 있었다. 그러나 예수는 안식일을 위하여 사람이 있지 않고 사람을 위하여 안식일이 있다고 가르치기를 원하셨다.

예수는 회당의 지도자들이 안식일에 치료하는 것을 반대하고 있다는 것뿐만 아니라, 모든 만물과 모든 법들의 창조주이시며 안식일의 주인(막 2:28) 되시는 예수는 이 사람을 치유함으로써 그를 온전하게 만들 뿐 아니라 그가 더 이상 거리에서 구걸하지 않아도 되게 할 수 있다는 것을 알고 계셨다.

하나님의 관여로 이 사람은 영적, 육적, 경제적 그리고 사회적인 축복을 받게 된 것이었다. 예수님은 이 사람을 향하여 앞으로 나설 것을 명령하셨다. 이 사람이 회당의 가르침을 어기면서까지 예수의 명령에 순종할 것인가? 결단하기가 쉽지 않았을 것이나 그는 예수께 순종함으로 온전한 사람이 되었다. 가장 단순한 순종이라 할지라도 항상 쉬운 것은 아니다.

예수는 종종 병든 자들을 향하여 "너의 들것을 들고 걸어가라"고 말씀하셨다. 순종은 최소한의 수고를 요구한다. 치료된 그들에게서 그 수고를 발견할 수 있다. 이 가장 단순한 행위는 요한복음 5장 2~9절의 이야기에서도 찾아볼 수 있다. 38년 동안 병든 사람에 대하여 읽어 보라.

• 당신은 왜 예수께서 "네가 낫고자 하느냐"라고 물으셨다고 생각하는가?

• 당신은 오늘날 진정으로 치유되기를 원하지 않는 사람이 있다고 생각하는가? 만약 그렇다면 그 이유가 무엇일까?

배경 설명

어떤 헬라어 사본에는 요한복음 5장 3절 하반부와 4절이 생략되어 있다. 이 진술은 잘 알려진 전승을 반영한 것으로 보인다. 이 전승에 의하면, 이 연못의 물이 천사들에 의해 초자연적으로 동하게 된다고 한다. 학자들은 이러한 현상을 간헐천의 영향 때문이라고 생각하기도 한다. 물이 동하는 원인에 대하여는 분명하게 알 수 없지만, 그곳에는 하나님의 치유의 은혜에 대한 간증이 있었다.[12]

우리는 하나님의 치유를 받는 것과 관련해서 어렵거나 단순한 또는 복잡한 순종의 행위에 대하여 살펴보았다. 이것을 통하여 우리는 순종이 주님과 우리의 관계에 본질적이라는 것을 알게 되었다. 태초부터 모든 것을 보고 있고, 또 우리의 삶을 위하여 무엇이

12) Ibid., 1581, note on 5:4.

최선인지 알고 계신 하나님께서 우리에게 우리의 삶 전체를 제단에 바치기를 요구하신다.

- 신약성경 안에서 순종의 행위를 발견할 수 있는 치유 사례를 세 가지만 적어 보라.

- 왜 당신은 순종이 온전한 그리스도인의 삶에 있어 중요하다고 생각하는가?

- 하나님께서는 우리에게 얼마나 큰 요구를 하실까?

적용

하나님께서는 누구를 고쳐 주셨다고 해서 그에게 먼 곳에 가서 선교 사역을 하라고 요구하는 분이 아니시다. 그러나 주님 되신 예수께 우리를 맡기고 굴복하기를 원하신다. 그렇기 때문에 주님께서는 우리가 우리 삶을 위한 그분의 의지를 알기 위하여 노력하고, 또 그분의 의지에 굴복함을 요구하신다.

하나님께서는 진정한 신자들 개개인에게 하기를 원하시는 것이 있다. 그리스도인은 운동 경기의 구경꾼이 아니다. 천국의 경기장은 지구에서 이미 자신들의 경주를 마친 선수들로 가득 차 있다. 우리는 이 세상 경주에서 달려야 할 부분에 대한 바통을 받았다. 하나님은 단지 그 경주를 구경하라고 우리를 부르신 것이 아니다. 우리는 약속들(the promises) 위에 서 있도록 부름받았지 그저 '집안(premises)에 앉아' 있으라고 부름받은 것이 아니다. 때때로 질병이나 고통은 우리를 깊이 헌신하게 하고 온전히 순종하게 하는 데 필요하다.

어떤 사람들은 오직 의학적인 방법으로만 치료되는 병도 있다고 생각한다. 그러나 약이나 수술을 의지하는 것이 어떤 병을 치료하는 데 있어서 신유를 배제하는 것은 아니다. 다른 치료방법을 사용하면서 그것과 더불어 치유를 위해 기도할 때, 그 기도는 영적인 축복이 된다. 우리는 하나님께 크게 '예'라고 말해야 한다. 그리스도인의 인생 여정에 있어서 가장 중요한 것은 순종이다.

"너희가 나를 사랑하면 나의 계명을 지키리라……나의 계명을 가지고 지키는 자라야 나를 사랑하는 자니 나를 사랑하는 자는 내 아버지께 사랑을 받을 것이요 나도 그를 사랑하여 그에게 나를 나타내리라……예수께서 대답하여 가라사대 사람이 나를 사랑하면 내 말을 지키리니 내 아버지께서 저를 사랑하실 것이요 우리가 저에게 와서 거처를 저와 함께하리라"(요 14:15, 21, 23).

제 6 장

신유와 십자가

(사 53:4~5; 마 8:16~17)

예수 그리스도가 우리를 위하여 십자가 위에서 죽으심으로 성취하신 온전한 구속의 사역만큼이나 놀라운 일은 이 세상에 없다. 그는 이 세상을 조성하기 전부터 그를 믿는 자 모두를 온전히 덮을 만한 것을 제공하려고 했다(벧전 2:24). 그리스도께서는 아담이 타락할 것을 예견하셨고, 그 타락이 육체적 고통, 병 그리고 죽음의 저주를 가져올 것을 예견하셨다. 그러나 그리스도께서는 자신이 그 저주를 담당하시고 믿는 인류에게 자유를 주고자 하셨다.

우리의 죄를 '온전히 덮은' 그의 행동, 우리의 구원이 가져다 주는 모든 유익을 우리는 흔히 '속죄'(atonement, 역자 주: 대속)라고 부른다. 이것은 장차 오시기로 되어 있던 구세주에 관한 여러 구약성경의 묘사들과 가르침들과 깊은 연관이 있다(레 17:11).

용어 설명

속죄하다(make atonement). 히브리어로는 '카파르'(chaphar)로 '덮다', '속죄하다', '화해하다', '달래다', '씻다', 그리고 '깨끗이 하다'의 의미가 있다. 이 동사는 100여 번 나타난다. '카파르'라는 단어의 원래 의미는 '덮다'이다. 이 단어의 중요한 파생어인 '키퍼'(kippur: 속죄)는 잘 알려진 용어 중 하나인 '속죄일' 곧 '욤키퍼'의 '욤'과 함께 쓰인 단어이다(레 23:27~28; 민 25:25 참조). '카파르'는 특히 창세기 32장 20절과 다니엘 9장 24절에서 '달래다'와 '화해하다'로 각각 번역되었다.[13)]

그리스도의 십자가의 죽음을 통하여 우리는 놀라울 만큼 **크고 다양한** 축복을 누리게 된다. "그는 우리의 구세주이시다"(벧전 2:22~25). 그리스도의 속죄의 죽음으로 말미암아 우리는 **죄에 대하여** 죽고(회개), 하나님(의)을 위하여 살 수 있게 되었다. 넓은 의미에서 이것이 신약성경의 그리스도인의 변화이다. 베드로는 **"저가 채찍에 맞음으로 너희는 나음을 입었나니"**라는 말씀을 인용하고 있다. 베드로가 이사야 5장 3~5절을 인용한 의도는 정신적, 심리적, 육체적, 그리고 영적인 온전함이 이러한 회심(conversion)을 통해 이루어진다는 것을 보여주기 위한 것이다.[14)]

그리스도의 속죄의 죽음은 영적인 치유와 육적인 치유의 물줄기

13) Ibid., 217, "Word Wealth: 15:25 make atonement."
14) Ibid., "1911, note on 2:22–25."

를 터놓았는데, 이를 통해 믿는 자들이 온전하게 되었다.

첫 번째 아담이 인류를 육체적, 정신적, 영적으로 병들게 하였다면, 마지막 아담은 타락된 인류를 육체적, 정신적, 영적으로 치유하여 구원하였다. 타락이 전적인 타락인 것처럼 구원 또한 완전한 것이다. 믿는 자들은 그리스도 예수 안에서 새로운 피조물(고후 5:17)로서 이 '피조물' 안에서 **모든 것들이** 새로워지는 기대를 간직하게 된다.

예수께서는 십자가 위에서 온전한 '속죄(atonement-covering)'를 이루셨으며, 이를 통해 온 인류는 놀라운 축복을 누릴 수 있게 되었다. 아래에 있는 문장들 하나하나를 읽고, 각 문장이 강조하고 있는 특별한 축복들과 관련해서 그 축복들이 어떻게 당신에게 적용되었고 또 지금 어떻게 적용되고 있는가를 적어 보라.

1. 예수가 인간들의 **구세주**가 되심(마 1:21)

----

2. 모든 믿는 자가 **의롭게** 됨(행 13:39; 롬 5:1)

----

3. 예수 그리스도의 피로 우리가 **깨끗함**을 받을 수 있음(요일 1:7)

----

4. 우리의 생명과 삶이 **성화**되는 축복(히 13:12)

----

5. 신유가 일어날 수 있는 축복(벧전 2:24)

----

6. 우리에게 주시는 무제한적인 또는 우주적인 축복들(요 14:13; 엡 1:3)

태초에 인간이 타락하자 하나님은 곧 구속의 약속을 하셨다. 인간의 타락을 이야기하는 창세기 3장에는 저주의 근원이요, 영원한 저주자인 사탄이 "여자의 후손"(성육하신 하나님의 아들을 가리키는 용어임)에 의하여 패배될 것이라는 하나님의 보증이 나온다.

"내가 너로 여자와 원수가 되게 하고 너의 후손도 여자의 후손과 원수가 되게 하리니 <u>여자의 후손은 네 머리를 상하게 할 것이요</u> 너는 그의 발꿈치를 상하게 할 것이니라"(창 3:15).

예수의 발꿈치를 상하게 한다는 것은 십자가에서의 그의 죽음을 가리킨다. 십자가에서의 죽음을 통하여 그는 우리를 저주로부터 속량하시고 우리의 죄와 질병에 관한 사탄의 일을 효과적으로 패배시킬 것이다. 요한은 예수께서 사탄의 일을 멸하러 오셨다고 기록하고 있다.

"죄를 짓는 자는 마귀에게 속하나니 마귀는 처음부터 범죄함이니라 하나님의 아들이 나타나신 것은 마귀의 일을 멸하려 하심이니라"(요일 3:8).

구약성경은 예수께서 치유하실 것이라는 예언으로 끝난다. "내 이름을 경외하는 너희에게는 의로운 해가 떠올라서 치료하는 광선을 발하리니"(말 4:2). 요한은 그분을 어둔 세상에 오신 '세상의 빛'이라고 불렀다. 그의 치유의 광선들은 죄책감과 병의 압박으로부터 벗어나게 하는 축복을 가져다준다.

구약성경의 중심에는 우리의 사악함 때문에 상하시고 우리를 치유하기 위하여 채찍에 맞으신 주님의 속죄 사역이 가장 완전하게 묘사되어 있다. 이사야 53장 3~12절을 먼저 읽고, 《성령 충만한 삶을 위한 성서(Spirit-Filled Life Bible)》에 언급된 아래의 것들에 대하여 생각해 보라.

보충 설명

이사야 53장은 육체의 치유가 그리스도의 고통과 십자가의 속죄 사역에 포함되어 있음을 분명히 가르치고 있다. '질고'와 '슬픔'(4절)을 나타내는 히브리어 단어는 특별히 육체적인 병을 의미한다. 마태복음 8장 17절이 이사야 본문이 이 사실을 예수의 치유 사역과 예수께서 여러 가지 인간의 필요를 채워 주신 데서 성취되었다고 말하는 것에서도 입증된다.

더욱이 십자가 위에서의 예수의 속죄 사역에 관하여 언급하는 '지다'와 '당하다'라는 단어가 십자가 위에서의 예수의 속죄 사역에 대하여 언급하는 것이라는 사실은, 이 단어들이 그리스도께서 우리의 죄악을 담당하였다(11절과 또한 베드로전서 2장 24절을 보라)고 할 때 사용된 단어와 같다는 것에서도 분명하게 드러난다. 이 구절들은 명료하게 갈보리의 속죄 사역이 우리의 구원과 치유에 밀접히 연결되어 있음을 보여준다.

그러나 그중 한 가지를 받았다고 해서 자동적으로 다른 것도 받은 것은 아니다. 왜냐하면 영혼의 영원한 구원이나 개인의 일시적이고 육체적인 치유는 각각 믿음으로 받아야 하기 때문이다. 십자가 위에서의 그리스도의 사역을 통해 우리는 영혼의 구원과 육체의 치유를 받을 수 있게 되었다. 그러나 단순한 믿음을 가진 사람들은 그들이 선택하는 것을 받게 된다.

그런가 하면 어떤 사람들은 이사야의 예언은 마태복음 8장 17절에 묘사된 하루 동안의 치유에 의하여 완전하게 성취되었다고 주장한다. 그러나 자세히 살펴보면 '성취되었다'는 단어는 교회 역사를 통해 자주 적용하였음을 볼 수 있다(사 42:1~4; 마 12:14~17 참조).[15]

치유는 오늘날에도 있는가?

그리스도의 십자가에서의 죽으심에 근거하여, 하나님의 치유의 은혜가 오늘날에도 유효하다고 우리는 어떻게 확신할 수 있는가?

15) Ibid., 1032, "Kingdom Dynamics: Healing Prophesied Through Christ's Atonement."

1. 우리는 육체적인 치유가 그리스도의 속죄 사역 속에 포함되어 있다고 확신한다.

왜냐하면 하나님의 말씀이 그렇게 말씀하고 있기 때문이다. 이사야 53장 4절에서 '그는 우리의 질고를 지고(nasa) 우리의 슬픔을 당하였다(sabal)' 고 진술하고 있다. 11절과 12절에서 이사야는 같은 단어 '*지다*' 와 '*당하였다*' 라는 단어를 우리의 '죄악' 과 '죄' 에 적용한다. 다시 말해서, 치유와 구원의 행동은 뗄 수 없이 연결되어 있다. 마태복음 8장 17절에서 예수님은 이사야의 말을 인용함에 있어서 '비탄' (griefs)과 '슬픔' (sorrows)이라는 히브리어 단어를 '연약' (infirmities)과 '병' (sicknesses)을 의미하는 것으로 번역하셨다.

따라서 이사야는 예수께서 우리의 죄악과 죄들을 담당하셨고 또 지신 것처럼 우리의 연약함과 병도 담당하셨다고 말하고 있다. 만약 예수의 십자가의 사역이 우리의 죄악과 죄를 덮었다면, 이것은 또한 그가 우리의 연약함과 병들을 덮었다는 것이 된다.

마태복음 8장 16~17절은 예수께서 영적, **육체적** 병과 질병을 다루셨음을 분명히 한다. "저물매 사람들이 귀신 들린 자를 많이 데리고 예수께 오거늘 예수께서 말씀으로 귀신들을 쫓아내시고 병든 자를 다 고치시니 이는 선지자 이사야로 하신 말씀에 **우리** 연약한 것을 친히 담당하시고 병을 짊어지셨도다 함을 이루려 하심이더라."

이 구절을 통해 우리는 만약 예수가 사역할 당시 병든 사람들이 예수의 속죄적 희생에 관한 이사야의 예언을 기초로 하여 치유되었다면 —아직 완전히 그것이 성취되지 않았음에도 불구하고— 우리는 오늘날 우리를 위하여 주어진 치유에 대한 확신을 가질 수 있다.

2. 어느 시대의 그리스도인이든지 그들은 예수의 속죄(atonement) 안에 있는 치유에 대해서 확신할 수 있다.

왜냐하면 그리스도의 속죄는 한없는 속량(redemption)이기 때문이다. 예수 그리스도는 무한한 곧 영원한 분이시기 때문에 그분이 다시 오시기까지 우리의 구세주와 속죄자로서 모든 시대의 모든 사람들에게 필요한 모든 것을 공급해 주신다.

아래에 언급된 성경 구절들을 읽고, 주님의 방법과 약속들이 변하지 않는 것에 대한 자신의 설명을 적어보라.

- 말라기 3:6

- 히브리서 13:8

- 야고보서 1:17

----

3. 우리는 그리스도께서 오늘도 치유하신다는 기대를 가질 수

있다.

왜냐하면 병의 치유는 그가 자신을 믿고 따르는 사람들에게 약속한 하나의 확실한 표적이기 때문이다(막 16:7~8). 예수께서는 온 세상 사람들에게 선포되는 복음에 대한 확증을 갖게 하기 위하여 하나의 능력 있는 표적을 나타내실 것이라고 말씀하셨는데, 그것은 믿는 자들이 병든 자들을 위하여 손을 얹고 기도할 때 치유의 역사가 나타난다는 것이다. 우리가 '십자가에 달리신 그리스도'의 속죄의 죽음을 모든 사람들에게 전할 것을 위임받은 것처럼, 믿는 사람들에게 치유의 역사가 일어날 것이라는 약속을 선포할 특권도 부여받았다.

죄로부터 구원해 주시는 하나님의 능력을 선포하고 있는 복음은 병을 치유하는 치유의 능력도 선포하고 있다. 사도행전을 보면, 제자들은 예수께서 명령하신 대로 바로 그 천국 복음을 전했으며, 그들에게 똑같은 표적이 뒤따랐다. 그 후 동일한 표적이 사도 교회 후에도 계속 나타났으며, 그러한 표적이 사라진 적이 없다. 교회사를 통하여 볼 때, 교회의 영적 수준이 낮았던 때를 제외하고는 하나님의 치유의 능력이 한 때도 멈춘 적이 없었다. 언제든지 부흥이 다시 일어날 때면 신약성경의 충만한 능력과 축복이 유효했고 또 나타났다.

그러나 이 말은 그들 가운데 치유가 나타난 정도나 수가 모든 그리스도인의 영성을 측정할 수 있다는 말은 아니다. 왜냐하면 단순히 가르침을 받지 못해서 치유의 역사를 경험하지 못한 사람이 있을 수도 있기 때문이다. 그러나 하나님께서는 우리가 절대적으로 그의 약속을 믿고 신뢰할 때 사람들을 치유하신다.

4. 믿는 자들은 오늘도 주께서 치유하신다는 확신을 가져야 한다.

왜냐하면 예수의 기도에 대한 응답으로 하나님이 교회에 보내신 바로 그 성령이 그리스도의 재림 때까지 교회에 계속해서 머물고 계시기 때문이다. 성령이 머물기 위해 오실 것이라는 견지에서, 예수께서는 교회가 자신이 한 것보다 '더 큰 일'을 하게 될 것이라는 약속도 하셨다.

어떤 사람들은 '더 큰'의 의미가 질적 차원에서 크다는 것인지 양적 차원에서 크다는 것인지에 대해 질문한다. 그것이 어떤 것인지 알 길은 없으나, 예수의 말씀에는 어떤 제한도 없다는 것을 알 수 있다. 예수께서 기적을 행하실 때 역사했던 바로 그 성령께서 지금도 그리스도께서 행하셨던 일들을 우리에게 보이시는데, 그 가운데는 놀라운 치유와 구원(deliverance)의 역사가 포함되어 있다.

예수께서 성령의 권능으로 치유 사역을 행하셨다는 것은 나사렛 회당에서 그가 언급하신 것을 통하여 알 수 있다(눅 4:18~19). 예수는 '때가 차면' 여호와의 종이 하나님의 영의 능력 가운데서 우리에게 오실 것과, 구원의 기쁨이 흘러나며, 육체가 치유되며, 사탄이 포로가 되고, 유리하는 자들에게 희망이 주어진다는 선지자 이사야의 말을 인용하셨다(사 61:1). 이사야의 중심 주제는 '여호와의 기름 부음 받은 종'이다. 그는 이사야 11장 1~2절, 42장 1절에서 또한 소개하고 있다. 또한 그의 구원과 활동의 반경과 치유 활동에 기름 부음 받은 여호와의 종에 대한 결정적인 묘사는 이사야 53장에서 발견할 수 있다. 여기에는 그가 능력으로 왕국을 세우러 오실 뿐 아니라 십자가 위에서 영원한 번제물로 자신을 드림으로 모든 믿는 자들에게 구원과 치유를 가져다주고, 사탄의 저주를 깨뜨리고, 그의 어둠의 나라를 파괴시키실 것임을 수정같이 투명하게 그리고 있다. 그리고 이러한 약속들을 다 이루도록 하기 위해서 성령의 기름 부음이 약속되었다.

예수는 후에 교회를 기름 부어 세우기 위하여 동일한 성령을 보내실 것을 약속하셨는데(행 2:1~4), 그것은 그의 동일한 '성령의 기름 부음'을 통하여 많은 사람들이 구원을 얻게 하시고 온갖 육체의 병들을 치유하시기 위함이었다. 사도행전 5장 14~16절, 14장 3절, 19장 11~12절을 읽고, 예수께서 어떻게 이 일을 하셨으며, 또 그분이 오늘날에도 똑같은 일을 하고 계시다는 것을 어떻게 알 수 있는가 생각해 보라.

예수는 성령 곧 '위로자'(comforter), '보혜사'(paraclete), 또는 '돕는자'(helper)를 보내실 것을 약속하셨다. 이것은 헬라어로 '곁에서 돕기 위하여 오신 분'이라는 뜻이다. 성령은 지금도 우리를 '도우셔서' 믿음 안에서 기도할 때 기적적이며 즉각적인 치유나 오랜 기간 자연적 회복 과정을 통한 치유가 일어나도록 하신다. 그리고 훈련된 의료 전문가들과도 함께하셔서 병든 자의 치유를 돕고 있다.

5. 믿는 자가 병들었을 때만 치유받은 것이 아니다.

하나님의 말씀은 그리스도의 십자가를 통하여 건강을 지속적으로 유지할 수 있는 것처럼 보인다. 요한삼서 2~3절은 이에 대한 확실한 증거처럼 보인다.

"사랑하는 자여 네 영혼이 잘 됨같이 네가 범사에 잘되고 강건하기를 내가 간구하노라 형제들이 와서 네게 있는 진리를 증거하되 네가 진리 안에서 행한다 하니 내가 심히 기뻐하노라."

인사말에는 종종 수신자의 '건강'과 '번영'을 기원하는 문구가 사용되었는데, 요한의 인사말도 하나님께서 모든 믿는 자들에게 건강을 주신다는 신적인 계시라기보다는 하나의 의례적인 인사였다고 보는 것이 더 낫다.

성경을 주의깊게 살펴보면, 십자가를 통해 충만한 은혜를 입으며 십자가의 은혜를 받음에 있어서 '영혼'과 '몸'이 밀접하게 연관되어 있음을 발견할 수 있다. 하나님은 그의 자녀들이 고통을 당하고 가난한 것을 원치 않으신다. 그러나 하나님께서는 그들이 죄를 범치 않기를 더 간절히 바라신다. 하나님은 영광 가운데 그 풍성한 대로 우리의 **모든** 필요를 채워 주실 것을 약속하셨다(빌 4:19).

그러나 그러한 약속을 하셨다고 해서 우리가 폭풍이나 재난 또는 고난과 같은 고통을 당하지 않게 될 것이라고 믿어서는 안 된다. 사실 예수는 그의 제자들에게 그들이 이 세상에서 환난을 당할 것이라고 말씀하셨다. 베드로는 그의 편지의 수신자들에게 불 같은 시련을 경험하는 것을 이상하게 여기지 말라고 경고하였다(벧전 4:12~13).

고난은 우리에게 인내나 희망 같은 것들을 갖게 해준다는 것을 기억하여야 한다. 믿는 자들에게 있어서 흔들리지 않는 확신은, 하나님이 우리가 감당할 수 있는 시험밖에는 허락하지 않으신다는 것이다(고전 10:13). 그뿐만 아니라 우리는 하나님께서 주를 사랑하는 자들에게 모든 것이 합력하여 선을 이루게 하는 분이심을 확신한다. 그리스도 안에서 우리는 다른 어떤 '정복자들'보다(롬 8:28~37) 더 높아질 수 있으며 기뻐 뛰는 존재가 될 수 있다.

용어 설명

건강(health). 후기아이노(hugiaino). '히기에네(hygiene)'와 '히기에닉(hygienic)'을 비교하라. 이 단어는 육체의 건강과 관계가 있다. 은유적으로 이 단어는 교리에 관하여(딤전 1:10; 딤후 4:3; 딛 2:1), 말씀들에 관하여(딤전 6:3; 딤후 1:13), 그리고 믿음과 관련해서(딛 1:13; 2:1) 언급되어 있다.[16)]

'후기아이노'는 앞에서 논한 바 있는 요한삼서 2절에서 사용된 단어이다. '건강'에 대해서는 다른 참고서들을 찾아보라. 그리고 '건강'에 대해 포괄적으로 —즉 육체적, 정신적, 영적— 한 문장으로 정의를 내려 보라.

16) Ibid., 1941, "Word Wealth: 2 health."

바울의 가시

어떤 학자들은, 사도 바울의 경험은 하나님이 주시는 건강이 마치 믿는 자들의 특권이라고 지나치게 믿어서는 안 된다는 것을 잘 보여준다고 지적하기도 한다. 그들은 바울의 '육체의 가시'는 바울이 병들었음을 증거한다고 지적한다. 바울의 가시가 어떤 것인지에 대한 수많은 신학적인 견해가 있다. 우리는 고린도후서 12장 7절을 통하여 알 수 있다.

첫째, 이것의 본질은 악마적인 것이었다("사탄의 사자").

둘째, 이것은 교만으로부터 바울을 보호해 주었다("나를 너무 자고하지 않게 하시려고").

셋째, 이것은 역시 육체적인 것임을 보여준다("육체의 가시").

그는 하나님께 치유를 위해 기도했다. 그러나 하나님께서는 그가 얼마나 하나님의 은혜를 많이 받았는가를 깨닫게 하셨다. 바울은 남다른 삶을 산 매우 특별한 종이었다. 그러나 누구도 '바울의 가시'가 건강을 유지하게 하고 하나님의 은혜를 부정하는 증거라고 주장해서는 안 된다. 은혜는 고난 가운데서도 충만하게 임했으며, 또한 임하고 있다. 바울의 경우는 그것을 지지하는 것이지, 반대하는 것이 아니다.

- 고린도후서 12장 1~10절을 읽고 바울의 가시에 대하여 당신의 생각과 이 본문이 주는 의미에 대하여 기록해 보라.

결론

약속된 건강과 번영에 대한 이러한 생각에서 떠나기에 앞서 모든 하나님의 축복과 약속은 조건적이라는 것에 주의하여야 한다. 요한은 진리 안에서 걷고 또 진리 안에서 살려는 사람들에게 기원하는 말을 덧붙이고 있는데, 이것은 그들의 주님이 그들의 생각과 마음 가운데 비추는 모든 빛 가운데 충만히 살아가는 사람들에 대한 기원이다(요삼 1:3~4).

예수께서는 요한복음 3장 14~16절에서 구원을 약속하실 뿐만 아니라 그 '위대한 구원' 안에 있는 치유에 대해서도 암시하신다. "모세가 광야에서 뱀을 든 것같이"는 민수기 21장 4~9절을 언급한다. 이 본문들을 함께 살펴보고, 예수가 언급한 구원의 사건이 죄로부터의 구원과 병과 질병의 치유 모두를 포함하는 구속 사역의 형태인지 아닌지를 생각해 보라. 오늘날 우리가 십자가에서의 그리스도의 구속 사역을 죄로부터의 구원의 근거로 생각할 수 있다면, 그 구속 사역을 질병으로부터의 구원, 즉 치유의 근거로도 이해할 수 있게 된다. 죄로부터 구원하는 하나님의 능력이 지금까지 멈추지 않은 것처럼 결코 우리 몸을 치료하시는 그의 치유의 능력도 멈추지 않는다.

- 이사야 53장의 구절에서 십자가 위의 그리스도가 우리의 죄와 병을 담당하고 또 짊어지실 것이라고 약속하고 있는가?

- 하나님은 변하지 않는 분이시라는 약속이 들어 있는 성경 구절들을 적어 보라.

- 믿는 자들에게 따르는 표적에는 어떤 것들이 있는가?

- 교회는 치유의 축복의 영구성을 보장해 줄 어떤 힘을 아직까지 가지고 있는가?

- 교회사를 통하여 볼 때, 교회의 어떤 상황들이 치유의 능력이 나타나는 것을 감소시켰는가?

- 만약 우리의 영혼과 같이 우리의 몸도 예수의 핏값을 치르고 사셨다면, 어떻게 그러한 사실이 우리로 하여금 치유의 축복이 우리 가운데 계속 나타날 것이라는 확신을 갖게 해줄 수 있는가?

- 신실한 신자들에게 주어지는 건강과 번영의 축복이 서로 어떤 관계를 갖고 있다고 당신은 알고 있는가?

적용

앞의 장들에서 우리는 신 · 구약성경의 치유의 언약을 연구함으로 그리스도의 십자가가 신적 계시의 중심임을 발견하였으며, 십자가의 샘에서 구원의 시냇물과 치유의 시냇물이 흘러나온다는 것을 살펴보았다. 그리고 우리는 믿음이 영혼과 몸을 위한 하나님의 축복의 주문을 여는 열쇠임을 알게 되었다.

우리는 또한 죄와 불순종으로 인하여 하나님의 치유의 축복들이 나타나지 않을 때 회개가 필요하다는 것도 배웠다. 그리고 치유는 때때로 우리가 순종할 때까지 연기되기도 하는 것을 알게 되었다.

이 장에서는 믿음을 가진 죄인들과 고통당하는 자들 모두가 그리스도의 구속의 은혜로 말미암아 하나님께 가까이 나아갈 수 있게 되었다는 사실에 초점을 모았다. 이 장의 중심적인 가르침은, 그리스도께서 그의 속죄 사역을 통하여 우리의 죄와 질병들을 모두 담당하셨으며, 이 두 가지 축복이 교회사 가운데 계속 주어졌음을 분명하게 보여주고 있다.

누구든지 성경을 주의깊게 읽으면 치유와 구원이 주님의 재림 때까지 함께 나타나도록 의도되었다는 것과 치유가 역사 안의 분명치 않은 시점에서 끊어지거나 멈춰지지 않았다는 것을 분명하게 알 수 있다. 죽으시고 부활하신 그리스도는 "어제나 오늘이나 영원토록 동일하시다"(히 13:8).

이 책을 읽는 대부분의 사람들에게는 이러한 진리가 당연하게 여겨질 뿐 새로운 것이 아니다. 그러나 우리의 믿음은 우리가 교리적으로 이미 알고 있는 것들을 다시 강조할 때 일반적으로 더욱더 굳어진다. 대부분의 사람들은 아주 적은 것일지라도 육체적인 문제나 기능상의 이상을 갖고 있다. 대부분 그들은 이를 간과하거나 또는 판매장에 있는 약을 복용함으로써 이를 완화시킨다. 우리는 우리 몸이 그리스도의 피로 속량받은 성령이 거하는 전이기 때문에 주께서 우리의 몸의 건강에 관심이 있다는 확신을 가질 수 있다.

매일 우리가 기도하는 시간마다 우리는 그날의 건강과 힘을 위하여 기도하여야 한다. 만약 우리가 어떤 증상을 느낀다면 우리는 회복을 위하여 기도할 특권을 가지고 있다. 우리가 어떤 치료법을 선택하든지 먼저 우리의 신체가 은혜의 보좌를 붙드는 것이 필요하다. 사랑의 하나님께서 치유의 능력으로 우리를 만져 주시는 것을 경험할 때, 우리의 믿음은 세워지고 증가한다.

만약 우리가 적은 것을 가지고 하나님께 나아간다면, 큰 문제에 있어서도 쉽게 하나님을 신뢰할 수 있게 된다. 만약 우리의 필요가 재난 수준에 이를 때만 하나님께 나아간다면, 우리의 믿음이 참된 믿음이 되기에는 역부족이다.

여기서 주의해야 할 것이 있다. 그것은 약의 투여와 의료적 치료도 하나님께서 치유하시는 하나의 방법이므로 치유를 위하여 기도하는 것이 이것들과 서로 상반되는 것으로 이해해서는 안 된다는 것이다. 한 예로, 작은 증상이기는 하지만 좋아지지 않고 점점 악화되는 것에 대하여 기도할 때, 우리는 의사와 상담해야 한다. 의사에게 의뢰한다는 것은 위대한 의사이신 예수를 무시하는 것이 아니다. 의사가 문제를 발견하고 효과적인 치유책을 발견하도록 기도하라. 하나님의 치유 능력에 대한 믿음이 의료적 치료를 수반할 때 치료는 더욱 잘된다. 때때로 기도가 의술을 동반할 때 기적적으로 회복된다. 하나님이 함께하실 때에는 불가능이 없다.

모든 치유가 다 하나님으로부터 온다. 사탄은 인간이 어떤 축복도 경험하는 것을 원치 않는다. 사실은 모든 치유가 다 신유(divine healing)이다. 그러므로 기독교인들도 의사의 치료와 도움을 받아도 된다. 실제로 많은 의사들이 하나님께서 저들의 병이 빨리 회복되도록 도와주신다고 믿는다.

그러나 하나님을 먼저 찾아야 한다. 하나님은 치유의 능력을 갖고 계신다. 그것은 사실이다. 그분은 기도를 들으시고 응답하신다. 치유에 대한 직접적인 경험은 신자가 맛볼 수 있는 가장 영광스러운 경험의 하나이다. 다른 사람들을 향한 우리의 간증을 통하여 하나님의 치유의 축복들은 향상된다. 갈보리 십자가로부터 치유의 물결은 넘쳐난다. 우리가 이 회복의 물에 우리 자신을 자유롭게 담글 수 있다는 것이 얼마나 좋은 일인지 모른다.

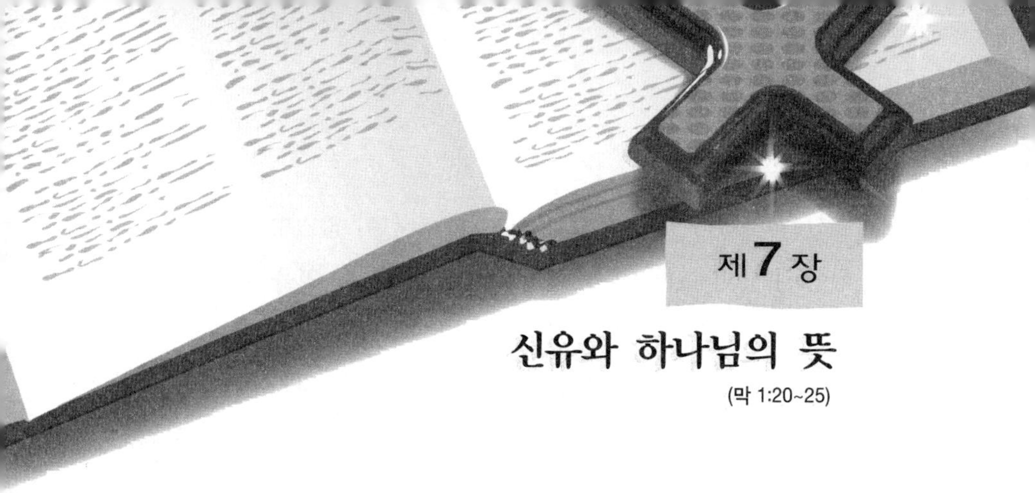

제 7 장

신유와 하나님의 뜻

(막 1:20~25)

육체적인 고통의 치유에 대한 하나님의 뜻

질병을 치유하는 것이 하나님의 뜻인지 아닌지를 판단하는 데 있어서 다음과 같은 세 가지 빛이 우리를 인도해 준다. 첫 번째 빛은 필요이고, 두 번째 빛은 개인적 믿음이고, 세 번째로 가장 중요한 빛은 성경의 가르침이다.

신유와 하나님의 뜻에 관한 연구에 있어서 먼저 마가복음 1장 40~44절을 읽으라. 나병환자의 치유 이적에 관한 본문의 기사는 예수의 의지가 병든 자를 치유하는 것인지 아닌지에 대한 해답을 준다. 나병환자에게는 예수의 힘과 능력이 그의 치명적인 병을 치유하는 데 아무런 문제가 없었다. 그는 "저를 깨끗케 하실 수 있나이다"라고 말했다. 그러나 그는 많은 진실한 사람들같이 예수가 자신을 치료하기 원하시는지에 대한 확신이 없었다. 그는 예수가 행한 많은 치유들을 통해 하나님의 전능하심을 믿을 수 있었다. 그래서 그는 그의 치유의 일반적 의지에 대하여 묻지 않았다.

그러나 예수께서는 나병병자를 치유해 주실 것인가? 그리고 보다 중요한 질문은 예수께서 이 사람의 경우에도 치유하기를 원하시는가 하는 것이다. 예수께서는 이 두 가지 질문에 이렇게 대답하셨다. "내가 원하노니 깨끗함을 받으라."

이것은 문둥병이 가장 심각한 질병임에도 불구하고, 구세주가 그의 치유의 의지를 분명히 했다는 성경적 진술이다. "나병환자의 치유는 오직 이 한 경우뿐이었는데, 우리가 어떻게 이것을 다른 질병이나 다른 경우에 적용할 수 있다고 할 수 있는가?"라고 항변할 수도 있다.

그러나 이 나병 환자에 대한 예수의 대답이, 예수의 치유 의지가 있는지 없는지에 관한 질문에 대한 획기적인 응답처럼 보인다는 사실에 주목해야 한다. 의지에 관한 질문은 오직 한 번 기록되어 있는데, 이 중요한 질문에 대한 대답은 "예, 제가 원합니다!"였다. 이러한 질문이 다시 있었다는 기록이 없으므로 예수의 대답은 우리 모두를 위한 것이며, 우리의 이해와 유용을 위하여 성령께서 이것을 성경에 기록한 것이 분명하다.

성경은 십자가 위에서의 예수의 속죄 사역에서 명백히 답하고 있다. 예수가 십자가 위에서 '다 이루었다' 라고 외치셨는데, 이것은 그가 구속자로서 영혼과 육체를 위한 치유를 제공하는 구속의 사역 전부를 완성시키셨다는 소리였다.

이사야 53장의 예언과 마태복음 8장 16~17절에서의 예언의 성취에 대한 진술은 속죄의 시냇물을 통해 믿는 자의 죄와 질병의 고통이 깨끗하게 됨을 분명히 보여주고 있다. 예수의 구속은 모든 믿는 자에게 적용되기 때문에 그는 항상 치유의 의지를 갖고 계신다. "내가 원한다"와 "그가 채찍에 맞음으로 우리가 나음을 입었다"는 성경(첫 번째 조명)과 치유에 대한 사람들의 필요(두 번째 조명), 그리고 사람들이 갖고 있는 하나님이 주신 믿음(세 번째 조명)의 빛에 비추어 볼 때 우리는 질문에 대한 분명한 답을 얻게 된다.

어떤 사람들은 모든 기도에 '만약 주님의 뜻이라면' 이라는 조건이 반드시 동반되어야 한다고 주장한다. 물론 우리의 기도가 하나님의 의지에 복종을 표현해야 함은 사실이며, 주기도문에서도 "당신의 뜻이 이루어지이다"라고 기도하도록 가르치고 있다.

그러나 언약을 통해서 주시기로 한 것들에 대해서는 우리가 그 언약에 대한 순종을 통해 요구할 수 있다. 왜냐하면 **언약 자체가 하나님의 의지의 표현이기 때문이다.** 출애굽기(15:26)에서 하나님은 치유의 언약을 주실 때 자신을 치유자(the healer)로 나타내셨다. 그분은 '치료자' 이며, '치료자' 가 곧 그분의 하나의 이름으로 나타난다. 하나님의 본성은 변하지 않는다. 왜냐하면 그분은 "나 여호와는 변역지 아니하나니"라고 선언하시기 때문이다(말 3:6).

구원과 마찬가지로 치유받기 위해서는 믿음이 필요하다. "그러나 무엇을 하실 수 있거든 우리를 불쌍히 여기사 도와주옵소서 예수께서 이르시되 할 수 있거든이 무슨 말이냐 믿는 자에게는 능치 못할 일이 없느니라 하시니"(막 9:22~23).

치유받기 위해서는 긍정적인 믿음이 요구되는데, '만약'이라는 말로 기도를 시작한다고 하면 어떻게 되겠는가? 빌립보 교인들이 바울의 서신을 받은 후 기도할 때마다 "주여! 당신의 뜻이라면 우리의 필요를 채워 주소서"라고 하였겠는가? 또한 로마서 10장 9절을 읽은 후 로마 교인들이 기도할 때마다 "주여! 나는 당신의 부활을 마음으로 믿고 입으로 나의 믿음을 고백하오니, 만일 나를 구원하는 것이 당신의 뜻이라면 나를 구원하여 주소서"라고 하였겠는가? 더 나아가 바울의 첫 서신을 읽고 난 후 데살로니가 교인들이 "우리가 당신의 오심과 믿음 안에서 죽은 자들에 관하여 당신의 사도가 말한 것에 대하여 우리가 읽었사오니, 주님의 뜻이라면 우리의 마음을 위로하여 주소서"라고 기도하였겠는가?

당연히 우리는 경건히 기도해야 하며, 겟세마네 동산에서 "아버지여 만일 아버지의 뜻이어든 이 잔을 내게서 옮기시옵소서 그러나 내 원대로 마옵시고 아버지의 원대로 되기를 원하나이다"(눅 22:42)라고 기도하신 예수를 우리의 최고 모델로 삼아야 한다. 그러나 주께서 우리에게 분명한 약속을 주셨으므로 우리가 그 약속의 성취를 요구할 때는 '만약'이라는 것을 첨부시켜 우리의 믿음을 흔들리게 해서는 안 된다.

어떤 고용주가 고용인에게 특별 상여금을 약속하였다고 하자. 고용인이 고용주에게 "실례가 되지 않는다면, **만약 당신이 약속한**

그것을 주시기 원한다면, 나는 당신이 약속한 그것을 받으러 왔습니다"라고 말함으로써 특별한 경의를 표하겠는가?

"그를 향하여 우리의 가진 바 담대한 것이 이것이니 그의 뜻대로 무엇을 구하면 들으심이라"(요일 5:14)라는 구절은 모든 기도가 항상 '만약 이것이 당신의 뜻이라면' 이라는 조건절을 동반하여야 된다는 생각을 뒷받침하기 위하여 인용된다. 그러나 이 본문은 결코 우리가 항상 '만약' 이라는 말을 사용하여 기도하여야 한다고 주장하고 있지 않다. 우리에게 주어진 언약에 대해서는 우리가 요구할 권리가 있다고 말할 수 있다.

우리는 하나님께 어떤 복을 간구할 때, 먼저 이 복이 성경에 분명히 약속된 것인지 살펴보아야 하며, 두 번째로 우리에게 이 약속의 전제 조건들이 충족되어 있는가를 살펴보아야 한다. 신유는 그리스도의 속죄 사역을 통해 주어진 언약이다. 따라서 우리에게는 신유를 받기 위해 필요한 조건들을 갖추는 것이 필요하다.

인생을 살다 보면 여러 가지 복잡한 상황들을 만나게 되는데, 우리는 성경 속에서 그런 상황들에 대한 하나님의 약속을 발견하지 못할 때가 많다. 그러나 성경에는 우리가 인식하지 못하거나 기억하지 못하는 많은 일반적인 약속들과, 그 약속들을 성취받기 위한 조건들이 나타나 있다.

우리가 어떤 일을 만나든지 하나님이 우리와 함께 계시고 하나님께서 우리를 도와주셔서 모든 어려운 일들을 극복할 수 있게 되기를 바란다. 우리는 모든 것에 대하여 다 기도해야 한다. 하지만 때로는 하나님의 뜻이 무엇인지 알 수 없는 일을 만나기도 한다.

그때에 우리는 하나님의 뜻이 무엇인지를 깨닫게 해달라고 기도해야 한다. 우리가 이것을 선택할 수도 있고, 저것을 선택할 수도 있는 상황에 있다고 하자. 그런데 우리가 그것 가운데 어느 하나를 더 선호한다고 하면, 우리는 하나님 앞에 우리가 선택하고자 하는 것을 위해 기도할 수 있다. 그러나 '주님의 뜻이라면' 이라는 단서가 반드시 붙어야 한다.

하나님의 일반적인 의지와 그것을 알 수 있는 방법

여기서는 '하나님의 의지' 라고 하는 포괄적인 주제에 대하여 다뤄보고자 한다. 하나님의 의지에는 크게 두 범주가 있다. 첫째는 그분의 일반적인 의지이고, 둘째는 그분의 구체적인 의지이다.

하나님의 '일반적인' 의지(뜻)는 성경에 분명히 드러나 있다. 우리가 하나님의 일반 의지에 대하여 알기를 원한다면 성경을 조직적으로 공부하면 된다. 어떤 사람들은 그들이 하나님의 뜻대로 살아가고 있는지에 대해 염려한다. 성경을 잘 배우고, 또 배운 것을 행하는 사람이라면, 그는 하나님의 일반적인 뜻대로 살아가는 사람이라고 할 수 있다. 성경을 공부함으로써 우리는 하나님의 뜻을 더 깊이 이해할 수 있으며, 우리의 삶에 대한 하나님의 일반적인 의지(뜻)를 더욱더 많이 발견하게 된다. 이러한 하나님의 뜻은 도덕과 헌신, 예배, 봉사, 그리고 친교와 관계가 있다.

예를 들면, 바울은 데살로니가전서에서 그리스도인의 윤리에 대한 하나님의 일반적인 의지가 무엇인지에 대하여 영감을 받아서 우리에게 말해 준다. "하나님의 뜻은 이것이니 너희의 거룩함이라 곧 음란을 버리고"(살전 4:3), 즉 자신의 결혼 서약에 성실하지 않아도 되는지는 하나님께 물어 볼 필요가 없다는 것으로, 성경은 '일반적인' 질문에 대하여 답하고 있고, 그것은 모든 부도덕의 명세들 전부에 해당된다.

다른 예로, 성경에 기술된 하나님의 일반 의지는 현 정부를 향하여 믿는 자가 마땅히 해야 할 태도가 무엇인지에 대하여 한마디로 어떤 경우에도 다음과 같이 해야 한다고 답하고 있다.

"인간에 세운 모든 제도를 주를 위하여 순복하되 혹은 위에 있는 왕이나 혹은 악행하는 자를 징벌하고 선행하는 자를 포장하기 위하여 그의 보낸 방백에게 하라 곧 선행으로 어리석은 사람들의 무식한 말을 막으시는 것이라 이것이_하나님의_뜻이니라"(벧전 2:13~15, 역자 주 : KJV, NIV, RSV 영어 성경에는 나와 있으나 한글 개역 성경에는 빠져 있음).

하나님의 **일반** 의지를 알았으므로 이번에는 하나님의 구체적인 뜻을 구하는 경우에 관하여 살펴보자. 하나님의 구체적인 의지는 우리가 결정하거나 선택해야 하는 문제들과 관계가 있다. 즉 어떤 학교에 갈 것인가, 누구와 결혼할 것인가, 어떤 직업에 종사할 것인가, 어디서 살 것인가, 어떤 교회의 일원이 될 것인가, 어떤 사람과 가깝게 지낼 것인가, 무슨 취미를 가질 것인가, 그리스도인으로서 무슨 봉사를 할 것인가, 선택한 행동을 위하여 얼마나 많은 시간을 투자할 것인가, 몇 명의 자녀를 가질 것인가, 집, 교회, 그리고 사회에서 헌신을 위한 시간 비율은 어떻게 할 것인가 등과 관련이 있다. 하나님의 구체적인 뜻은 로마서에 나오는 아래의 성경 구절에 잘 나타나 있다. "어떠하든지 이제 하나님의 뜻 안에서 너희에게로 나아갈 좋은 길 얻기를 구하노라"(롬 1:10).

우리의 삶에 대한 하나님의 뜻을 아는 것은 매우 중요하다. 바울 서신 중 에베소서 5장 15~17절은 이것을 매우 분명히 하고 있다. "그런즉 너희가 어떻게 행할 것을 자세히 주의하여 지혜 없는 자 같이 말고 오직 지혜 있는 자같이 하여 세월을 아끼라 때가 악하니라 그러므로 어리석은 자가 되지 말고 오직 주의 뜻이 무엇인가 이해하라." 우리가 주어진 기회를 가장 잘 사용하고 현명하게 행하기 위해서는 우리의 삶을 향한 하나님의 뜻이 무엇인지를 알아야 한다.

하나님의 뜻을 아는 것이 얼마나 중요한가 하는 것은, 아나니아가 바울에게 한 말 가운데서 발견된다. 아나니아는 바울에게 임한 놀라운 회심과 그의 운명을 깨닫도록 하기 위하여 하나님께서 택하신 사람이었다. "그가 또 가로되 우리 조상들의 하나님이 너를 택하여 너로 하여금 자기의 뜻을 알게 하시며 저 의인을 보게 하시고 그의 입에서 나오는 음성을 듣게 하셨으니"(행 22:14).

하나님의 의지를 발견하기 위해서 세상적인 것들을 떨쳐버리는 것이 매우 도움이 된다. "너희는 이 세대를 본받지 말고 오직 마음을 새롭게 함으로 변화를 받아 하나님의 선하시고 기뻐하시고 온전하신 뜻이 무엇인지 분별하도록 하라"(롬 12:2). 우리가 그리스도를 본받는 삶을 살고 우리 자신을 성별하여 하나님께 온전히 드릴 때, 우리는 경험을 통해서 하나님의 온전하신 뜻이 무엇인가를 깨닫게 된다.

다음에 나오는 보화와 같은 성경 구절들은 하나님의 뜻을 알고 행하는 것의 유익을 더욱 분명하게 한다. 각 구절들의 내용을 당신의 삶과 관련지어 생각해 보라.

사람의 종이 아니라 주의 충성된 종으로 살아갈 때, 우리는 우리 자신이 압력에 의해서가 아니라 우리의 마음으로부터 하나님의 의지를 행하고 있음을 발견하게 된다. "눈가림만 하여 사람을 기쁘게 하는 자처럼 하지 말고 그리스도의 종들처럼 마음으로 하나님의 뜻을 행하여"(엡 6:6).

다음과 같이 우리는 서로 중보기도를 통해서 하나님의 뜻을 알게 하고 그 안에서 행하도록 서로 도울 수 있다. "이로써 우리도 듣던 날부터 너희를 위하여 기도하기를 그치지 아니하고 구하노니 너희로 하여금 모든 신령한 지혜와 총명에 하나님의 뜻을 아는 것으로 채우게 하시고"(골 1:9).

하나님의 의지의 몇 가지 기본적인 사항들

1. 어떤 상황 속에서 하나님의 뜻을 알고자 할 때는 무엇보다도 하나님의 뜻이 무엇이든지 그 뜻을 행하고자 하는 의지가 있어야 한다.

하나님은 우리로 하여금 하나님의 뜻이 무엇인지 깊이 생각하도록 하기 위해서 우리에게 보여주지 않으실 때도 있다. 하나님의 뜻이라면 무엇이든지 행하고자 하는 의지가 없다면 하나님의 뜻이 무엇일까 탐구하는 것은 소용없는 일이다.

우리는 "주님, 제게 주님의 뜻을 보여주시옵소서. 그리하여 제가 그 뜻대로 행하게 하여 주시옵소서"라고 기도해야지 "당신의 뜻을 내게 보여주시면 내가 그것에 대하여 생각해 보겠나이다"라고 기도해서는 안 된다. 완전한 포기는 하나님의 의지(뜻)의 중심을 발견하는 첫 걸음이다.

예수는 하나님의 뜻이 무엇인지 논쟁을 벌였던 당시의 종교 지도자들에게 이 원리를 선포하셨다. "사람이 하나님의 뜻을 행하려 하면 이 교훈이 하나님께로서 왔는지 내가 스스로 말함인지 알리라"(요 7:17).

여기에서 '교훈'은 어떤 형식을 갖춘 신학을 말하는 것이 아니다. 예수께서 말씀하신 '교훈'은 하나님께서 세상과 공유하라고 그에게 주신 그의 가르침과 삶의 스타일을 뜻한다.

그의 가르침과 행동은 하나님의 뜻이었다. 그는 오직 그의 가르침에 순종하는 사람만이 그의 가르침을 이해할 수 있다고 말했다. 바리새인들은 그의 진리에 순종하기를 원치 않았다. 그러므로 그들은 그것을 이해할 수 없었다. 그들은 하나님의 뜻(의지)에 순종하려 하지 않았으므로 그것을 알 수 없었다.

2. 성령은 믿는 자의 삶을 인도하는 신실한 안내자이다.

그러나 우리는 '**성화된 이성**(sanctified reason)'에 의하여 나아갈 때도 있을 수 있다. 성숙한 그리스도인들은 그리스도의 길로 그들을 인도해 줄 수 있는 영적인 감각과 이해력을 계발한다.

바울은 이러한 성숙한 판단에 대하여 이렇게 묘사하고 있다. "형제들아 나는 아직 내가 잡은 줄로 여기지 아니하고 오직 한 일 즉 뒤에 있는 것은 잊어버리고 앞에 있는 것을 잡으려고 푯대를 향하여 그리스도 예수 안에서 하나님의 부르신 부름의 상을 위하여 좇아가노라 그러므로 누구든지 우리 온전히 이룬 자들은 이렇게 생각할지니"(빌 3:13~15).

사도행전 15장 28절을 읽고, 영적으로 충만한 생각과 성령의 지혜의 결합에 대하여 생각해 보라.

3. 하나님의 뜻을 알 수 있도록 돕는 또 다른 한 쌍의 도구들은 '경험'과 '환경'이다.

우리의 행동과 결정에서 하나님의 의지를 자주 경험하면 할수록 우리는 하나님께서 일하시는 방식을 그만큼 쉽게 발견하게 된다. 그리고 때로는 우리 '환경들'이 하나님의 뜻을 암시한다. 때때로 우리는 사방으로 에워싸임을 당하고 오직 하나의 길만이 열려 있는 그런 상황들을 만나게 된다. 만약 이 길이 하나님의 **일반 의지**(God's general will) 밖에 있는 것이 아니라면, 우리는 이 환경들이 하나님의 섭리에 의한 것이라고 합리적으로 확신할 수 있다.

4. 우리는 또한 모든 사람들의 충고를 통해서 하나님의 뜻을 발

견할 수 있다.

잠언 11장 14절과 15장 22절을 읽으라. 이것이 암시하는 것은 무엇인가?

만약 우리가 관심을 갖고 있는 문제들에 대하여 성숙한 여러 명의 사람들이 그들의 경험을 통해 같은 조언을 해준다면, 우리는 이러한 조언이 좋은 것임을 확신할 수 있다. 초대 교회에서 하나님은 자주 그의 몸된 교회를 통하여 그의 뜻이 무엇인가를 보여주셨다 (행 13, 15장).

어떤 사람들은 왜 기도하였음에도 분명하게 치료되지 않는가

만약 육체의 치유가 속죄 사역에 포함되어 있고, 예수가 치유하기를 원하시는 그의 의지를 언명하셨다면, 왜 많은 신실한 사람들이 치료되지 않는 것일까?

이러한 질문은 자주 진지한 물음으로, 때로는 의심하는 도전으로 제기된다. 만약 어떤 사람이 오늘날의 치유의 약속을 믿지 않는다거나 그 약속을 믿기는 하나 치유받지 못하는 사람이 있다고 할 때, 우리는 그들을 '덜 구원받은' 사람이라고 판단해서는 안 된다.

이 약속의 진실성은 사람들이 그것을 믿거나 또는 성공적으로 받아들였다고 해서 입증되는 것도 아니고, 그렇지 않다고 해서 부정되는 것도 아니다. 우리는 단순히 이 진리를 전해야 하며, 그 결과를 하나님께 맡겨야 하는데, 이것은 우리가 그리스도의 구원에 대하여 증거하든지 설교해야 하되, 사람들이 그를 받아들이는 결심을 하든지 혹은 대적하든지는 그들에게 맡겨야 하는 것과 마찬가지다.

이제 치유받기를 원하지만 치유되지 않는 이유가 무엇인지에 대하여 겸손한 자세로 살펴보기로 하자. 다음과 같은 통찰들이 당신에게 도움을 줄 것이다.

1. 기도를 했는데도 치유되지 않은 사람들의 가장 일반적인 이유 중 하나는, 그들이 조건에 부응하지 못하였다는 것이다(출 15:26 참고).

하나님의 모든 약속들은 조건적이다. 시편 1편을 보라. 번영과 축복의 약속들을 주목하라. 복 있는 자들의 행동에 의해 입증된 조건들은 무엇인가?

악인의 죄를 좇고, 죄인들의 자리에 서 있으며, 오만한 자의 자리에 앉아 있는 자들에게는 하나님께서 복을 주시지 않는다는 사실에 주목하라. 하나님께서 번영과 건강의 복을 주신 사람은 하나님의 뜻을 행하는 것을 즐거워하고 악인의 생활 방식을 좇지 않는 사람들이었다. 하나님께서는 한편으로는 경외심이 있고, 책임감이 있으며, 또 다른 한편으로는 이기심이나 책망받을 일이 없는 사람들에게 복을 내리신다.

2. 치유와 다른 축복이 주어지지 않는 또 하나의 공통된 이유는 불순종이다.

사울 왕은 하나님이 세우신 선지자인 사무엘의 권고를 거절하였을 때, 순종해야 하는 것과 불순종하면 어떤 파국에 이르게 되는가를 깨달아 알게 되었다.

사무엘상 15장 22~23절에서 절정에 이르게 되는 이 사건에 대하여 연구하라. 그의 불순종으로 하나님께서 더 이상 그에게 복을 내리지 않으셨는데, 왜 그런 일이 생기게 되었는가?

심층 연구

어떻게 하면 하나님께 복을 받을 수 있는지 그 가능성에 대해서 이사야 55장 2~3절은 분명하게 제시하고 있다. 여기에서 중심이 되는 동사에 주목하라.

"나를 청종하라 그리하면 너희가 좋은 것을 먹을 것이며 너희 마음이 기름진 것으로 즐거움을 얻으리라 너희는 귀를 기울이고 내게 나아와 들으라 그리하면 너희 영혼이 살리라 내가 너희에게 영원한 언약을 세우리니 곧 다윗에게 허락한 확실한 은혜니라."

히브리어에서 '청종하라'(listen), '너희 귀를 기울이라'(incline your ear), '들으라'(hear)는 '순종'과 동의어이다. 언약의 약속은 육체적인 치유를 포함하는 '다윗에게 허락한 확실한 은혜(mercies)이다.

여리고의 소경은 예수께 "다윗의 아들이여, 나를 불쌍히 여기소서

(have mercy on me)"라는 말로 그의 눈을 고쳐 달라는 급박한 요청을 하였다. 그는 '다윗의 확실한 은혜'를 주겠다고 한 이사야의 언약의 약속을 알고 있었던 것이다. 바디매오가 순종의 삶을 살 준비가 되어 있었다는 사실은 기적을 체험하고 난 후의 그의 행동 속에서 발견된다.

"곧 보게 되어 하나님께 영광을 돌리며 예수를 좇으니 백성이 다 이를 보고 하나님을 찬양하니라"(눅 18:43).

3. 치유를 위해 기도하는 사람들 가운데는 기도의 부족으로 치유를 받지 못하는 사람도 있다.

육체적 치유를 위한 기본적인 조건은 '믿음'이다. 예수께서는 고침받은 많은 사람들에게 "너의 믿음이 너를 구하였다" 혹은 "너를 낫게 하였다"라고 말씀하셨다.

(a) 중풍 병자가 지붕에 만든 구멍을 통하여 예수 앞에 내려졌을 때 성경은 "예수께서 그들의 믿음을 보셨다"라고 기록하고 있다.

(b) 제자들이 귀신 들린 소년의 악한 영을 쫓아내지 못했으나 주님은 곧 쫓아내셨다. 제자들이 그 원인을 예수께 묻자 예수는 그들에게 "믿음이 적은 연고니라"라고 대답하셨다.

(c) 예수께서 그의 옷가를 만진 여인에게 돌아서서 "딸아 안심하라 네 믿음이 너를 낫게 하였다"하시며 그녀를 안심시켰다.

다음 구절들을 각각 연구하라. 치유를 위한 조건인 '믿음'이 어떻게 나타나 있는가 살펴보라.

- **마가복음** 11:24

- **사도행전** 6:8

- **사도행전** 14:8~10

- **야고보서** 1:6~7; 5:14~16

치유에 있어서 믿음이 그렇게 중요하다면, 뛰어난 믿음을 갖고 있지 않는 한 치유를 위해 기도하는 것은 무익하지 않겠는가라고 가정할 수 있다. 그러나 우리에게 필요한 것은 기도하는 믿음이다. 우리에게 믿음을 **주시는** 분은 하나님이시다. 따라서 우리는 믿음이 부족하면 어떻게 하나 하는 생각을 하지 말고, 기도 가운데 모든 것을 하나님께 아뢰어야 한다. 그리하면 하나님께서 채워 주실 것이다(고후 3:4~6).

4. 때때로 기도는 즉각적으로 응답되지 않기도 한다.

왜냐하면 하나님이 교훈을 가르치시기 위해 응답을 연기하시기 때문이다. 우리는 이러한 사실을 고린도후서 1장 3~5절 말씀의 배후에서 발견하게 된다. 여기에서 바울은 왜 하나님께서 우리로 하여금 기다리게 하신다고 말하고 있는가?

우리의 치유 기도가 즉각적인 응답을 받지 못했다고 해서 하나님이 아무 일도 하지 않으셨을 뿐만 아니라 완전히 응답하지 않으실 것이라고 가정해서는 안 된다.

5. 야고보는 “너희가 받지 못함은 구하지 않았기 때문”이라고 말하였다.

때때로 우리는 우리에게 필요한 것이 있을 때 하나님께서 채워주시기를 **희망한다**. 하지만 실제로 치유를 위해서 열심히 기도하지 않는다. 우리는 하나님의 '우주적인 애완동물'에 지나지 않으며, 따라서 하나님께서는 우리가 필요한 것이 무엇인지 말씀드리지 않더라도 그 모든 것들을 다 알아서 채워 주실 것이라고 생각해서는 안 된다.

다음과 같이 스스로에게 질문해 보자.

1) 정말로 열심 있는 기도로 하나님께 나아가 본 적이 있는가?

2) 다른 사람들에게 치유를 위한 기도를 함께하자고 부탁해 본 적이 있는가?

3) 교회의 장로들을 청하여 기름을 붓고 치유를 위해 합심하여 기도해 달라고 부탁한 적이 있는가?

왜 우리는 믿음의 기도로 하나님 앞에 문제를 내려놓지 않으면서 하나님께서 역사하실 것을 기대하는가? 야고보가 선언한 약속과 지혜에 유의하자.

"의인의 간구는 역사하는 힘이 많으니라"(약 5:16).

6. 우리가 반드시 해결해야 할 고백하지 않은 죄로 인해 치유를 위한 기도가 효과적인 기도가 되지 못할 때도 있다.

이것은 틀림없는 사실이다. 왜냐하면 신약성경에 있는 치유 언약과 관련해서 성경은 다음과 같이 말씀하고 있기 때문이다. "이러므로 **너희** 죄를 서로 고하며 병 낫기를 위하여 서로 기도하라"(약 5:16).

죄가 우리 가운데서 끓어오를 때, 믿음은 파괴되고 믿음 없는 우리의 기도는 무익하게 된다. 무릎을 꿇고 우리의 죄를 하나님께 고백하자. "만일 우리가 우리 죄를 자백하면 저는 미쁘시고 의로우사 우리 죄를 사하시며 모든 불의에서 우리를 깨끗케 하실 것이요"(요일 1:9). 믿음은 즉시 깨끗한 마음 가운데 채워지게 된다. 감추어진 죄는 매우 위험할 수 있다. 만약 믿음이 시원치 않아 보이면 우리는 불신의 죄나 고백하지 않은 죄를 발견하기 위해 성령의 도우심으로 우리의 마음을 잘 살펴보아야 한다.

7. 매우 파괴적인 형태의 죄는 용서하지 않는다.

만약 우리 가운데 다른 사람을 용서하지 못하는 마음이 남아 있다면, 치유를 위한 기도는 응답이 없게 된다.

누가복음에 기록된 산상 설교에서 예수는 우리에게 "우리가 우리에게 죄 지은 모든 사람을 용서하오니 우리 죄도 사하여 주옵시고"라고 기도하라고 가르치셨다. 마태는 이것에 조금 더해서 이렇게 기록하였다. "너희가 사람의 과실을 용서하면 너희 천부께서도 너희 과실을 용서하시려니와 너희가 사람의 과실을 용서하지 아니하면 너희 아버지께서도 너희 과실을 용서하지 아니하시리라"(마 6:14~15). 용서하지 않는 죄는 아주 쉽게 간과될 수 있다. 왜냐하면 우리는 죄를 다른 사람의 잘못으로 보는 경향이 있기 때문이다. 그러나 우리의 기도는 상처가 치유되지 않는 한(즉 용서하지 않는 한 – 역자 주) 결코 온전하게 효과적이지 못하다.

8. 마지막으로, 하나님의 언약의 약속과 축복이 왜 우리가 이해하지 못하는 방식으로 우리 가운데 나타나는지 그 이유를 결코 알 수 없다.

그러나 하나님은 그분의 섭리 가운데서 우리의 삶을 다 통찰하고 계신다. 하나님의 지혜로운 섭리는 우리의 모든 이해를 초월한다. 우리는 왜 모든 사람이 치유되지 않았는지 몇 가지 이유를 발견할 수 있었다. 그러나 아무도 하나님의 뜻이 아니기 때문에 치료되지 않는다고 가정해서는 안 된다.

많은 사람들이 "나를 치유하는 것이 하나님의 뜻이 아니다"라고 말은 하면서도 치유될 수 있는 다른 방법들을 열심히 모색하고 있는 것을 보게 된다. 그래서 우리는 다음과 같이 묻고 싶다. "만약 당신이 치유되는 것이 하나님의 뜻이 아니라고 말한다면, 치유를 위해 왜 다른 방법으로 그렇게 노력하고 있는가?"

물론 하나님은 사람들이 치유되기를 원하시고, 의학적인 방법을 포함하여 여러 방법으로 치유하신다. 치유가 하나님의 뜻이라는 것을 더 이상 의심하지 말자. 어떤 신도가 하나님의 치유를 분명히 신뢰하는 것보다 의학적이고 외과적인 요법에 더 편안함을 느낀다면, 그로 하여금 죄의식이 없이 그가 원하는 방법을 선택하도록 해야 한다. 그러나 우리는 치유를 위하여 기도하고 치유에 대한 하나님의 권능과 약속을 신뢰해야 한다. 하나님은 교회에 계실 뿐만 아니라 병원이나 작업장에도 계신다. 직접적인 하나님의 치유는 놀라운 축복이므로 우리 믿는 자들은 반드시 하나님의 직접적인 치유를 간절한 마음으로 바라야 한다. 그리고 직접적인 하나님의 치유를 포기하기 전에 우리는 왜 그러한 치유가 발생되지 않았는지 모든 이유를 자세히 살펴보아야 한다.

적용

그리스도인의 삶의 최고 목표는 하나님의 뜻 중심으로 살아가는 것이다. 우리는 성경의 가르침과 성령의 인도하심에 의하여 그렇게 살아갈 수 있도록 도움을 받는다. 출애굽기 15장 26절, 시편 91편, 103편, 107편, 이사야 53장, 마태복음 8장 5~17절, 야고보서 5장 13~18절 같은 성경 말씀의 명백한 가르침은 우리의 육체가 치유되는 것이 하나님의 뜻임을 가르쳐 주고 있다. 이러한 지식은 사도들의 사역에서 일어났던 많은 치유의 역사에서 입증되고 있으며, 또한 오늘날 교회 가운데 성령께서 임재하고 계시다는 부정할 수 없는 사실에 의하여 더욱 더 분명해진다.

주님은 우리의 영혼과 육체 모두, 즉 전인을 구원하신다. 그러므로 우리에게는 —우리의 성숙도에 비례해서— 주님이 주시는 복을 충만하게 우리 삶 가운데서 누려야 할 특권과 의무가 있다. 우리가 성령 충만한 삶의 권능 가운데 살아간다면, 우리 삶이 축복을 받을 뿐만 아니라 우리의 증언을 통해 다른 사람의 영혼도 구원받을 수 있게 된다. 하나님께서 우리의 삶을 통하여 큰일을 하시면 하실수록 우리는 더욱더 우리 주변에 있는 다른 사람들에게 복의 근원이 된다.

예수께서 이 땅에 계시는 동안 그를 통해 치유를 받은 거의 모든 사람들은 다 기뻐하며 돌아갔다. 만일 우리가 하나님께서 치유하신다는 사실을 믿고 또 이것을 충분히 경험한다면, 우리의 삶은 주님의 기쁨으로 충만할 것이며, 우리가 만나는 모든 사람들에게 그 기쁨을 전하는 도구가 될 것이다. "모든 사람을 대하든지 항상 선을 좇으라 항상 기뻐하라 쉬지 말고 기도하라 범사에 감사하라 이는 그리스도 예수 안에서 너희를 향하신 하나님의 뜻이니라"(살전 5:15~18).

제 8 장

치유와 신령한 은사

(고전 12:9, 28~30)

성령의 권능은 무한하고 측량할 수 없으며 무진장하다. 교회사를 통하여 얼마나 많은 성령의 역사가 일어났는지 계산할 수 없다. 오순절 이후로 성령의 역사로 구원받고 변화된 죄인들의 수는 헤아릴 수 없다. 성령에 의해 기름 부음 받은 복음의 사역자들도 얼마나 많은지 알 수 없다. 모든 헤아릴 수 없는 응답받은 기도에 힘을 더해 준 성령의 능력(power)은 어떤 것으로도 측정이 불가능하다.

우리로 하여금 하나님의 고귀한 약속들을 회상하게 하는 데 기여한 성령의 능력을 어떻게 측정할 수 있겠는가? 하나님의 계시를 기록하는 데 기여한 성령의 능력을 어떻게 다 측정할 수 있겠는가? 하나님이 지으신 온 우주 가운데서 창조적인 행위를 촉진시키거나 하나님의 힘을 유지시키는 데 있어서의 성령의 역사를 누가 측정할 수 있겠는가? 성령께서 지금까지 놀랍게 역사하긴 했지만, **아직 사용하지 않은** 성령의 능력은 나이아가라와 세상의 모든 폭포가 한꺼번에 쏟아져 내릴 때 만들어 낼 수 있는 힘보다 훨씬 크다.

성령의 은사에 대하여

성령은 믿는 자들을 복음 사역을 위해 준비시키고, 회심자들을 훈련시키며, 그리스도의 몸을 하나가 되게 하고, 믿는 자들을 성숙시키신다(엡 4:8, 11~13).

- 누가 언급된 은사들을 주는가?

- 그가 주시는 직분들은 무엇인가?(11절)

- 이 사역의 임무는 무엇인가?(12절)

- 이 임무의 목표는 무엇인가?(13절)

보충 설명

그리스도께서 주시는 은사들. 성부 하나님께서 주시는 은사들(롬 12:6~8)과 성령께서 주시는 은사들(고전 12:8~12) 그리고 성자 그리스도께서 주시는 것이 분명한 에베소서 4장 11절에 나타나는 은사들을 구분할 줄 알아야 한다. 그래야 성령의 은사들을 전체적으로 이해할 수 있기 때문이다.[17]

하나님의 많은 은사들은 다양한 성경 구절에 열거되어 있는데, 로마서 12장 5~8절, 고린도전서 12장 1~31절과 에베소서 4장 8~13절이 가장 두드러진다. 한편 각각 다른 범주들은 성부, 성자, 성령에 의해서 각각 주어진 반면, 그 모든 은사들은 성령을 통해 나타난다.

예를 들면, 에베소서 4장의 은사들(직임 또는 개인적인 은사)은 그리스도의 죽음과 부활을 통해 그리스도께서 우리에게 주신 것이라고 선포하고 있다. 그러나 바울은 사도행전 20장 28절에서 에베소서의 장로들에게 그들에게 주어진 직분은 성령께서 주신 것이라고 말하고 있다. 바울은 로마서 12장(성부께서 주시는 은사들)에서 다스리는 직분을 맡은 사람들에 대해서 언급하고 있는데, 사도행전 20장 28절에 의하면, 이 직분은 성령께서 주시는 것으로 되어 있다. 고린도전서 12장 4~6절에서 바울은 성령과 성자 그리고 성부께서 주

17) Ibid., 1792, "kingdom Dynamics: The Gifts Christ Gives."

시는 은사들, 사역들과 역사들에 대해 언급하고 있다. 여기서 우리는 삼위 하나님께서 함께 역사하시는 것을 보게 된다.

> "은사(카리스마타)는 여러 가지나 성령은 같고 직임은 여러 가지나(엡 4장), 주는 같으며 또 역사는 여러 가지나(롬 12장), 모든 것을 모든 사람 가운데서 역사하시는 하나님은 같으니"(고전 12:4-6).

위의 모든 것은 성령(pneumatika, 1절)의 사역에 관한 것으로 모두 성령의 능력에 의해 주어진 것들이다. 7절은 계속하여 "각 사람에게 **성령의 나타남**을 주심은 **모두를** 유익하게 하려 하심이라"고 말하고 있다.

베드로는 베드로전서 4장 10~11절에서 은사(charismata)를 받은 자의 청지기 정신에 대하여 이야기하고 있다.

> "각각 은사를 받은 대로 하나님의 각양 은혜를 맡은 선한 청지기 같이 서로 봉사하라 만일 누가 말하려면 하나님의 **말씀을 하는 것같이 하고** 누가 봉사하려 하면 하나님의 공급하시는 힘으로 하는 것같이 하라 이는 범사에 예수 그리스도로 말미암아 하나님이 영광을 받으시게 하려 함이니 그에게 영광과 권능이 세세에 무궁토록 있느니라 아멘."

베드로는 매우 다양한 은사들이 교회에 주어졌으니 성령의 권능으로 그 은사들을 사용하라는 것을 명백히 하였다. 교회의 사역은 초자연적인 것으로서 미약한 인간의 재주에 의하여 실행될 수 없다. 주님은 하나님의 사역에 있어서 신자들에게 천성적으로 주어진 잠재적인 재능을 사용하실 수 있지만, 성령으로 그 재능에 기름을 부으신다. 이러한 사실이 우리에게 얼마나 큰 위로가 되는지 모른다. 예수님은 베드로와 안드레에게 "나를 따라오너라 내가 너희로 사람을 낚는 어부가 되게 하리라"고 말씀하셨다. 그리고 오순절날 가장 과오를 저지르기 쉬운 예수의 제자인 베드로가 성령의 권능으로 설교하였는데, 그 설교로 수천 명의 사람들을 주님께 인도하였다. 예수님은 아버지께 '보혜사'를 보내 달라고 기도하심으로 베드로를 영적인 어부로 만들었다. 성령은 "내 아버지의 약속하신 것"(눅 24:49)이라고 불리고, 아들의 선물이 될 것이라고 선언되었다(요 15:26, 16:7).

- 당신 자신의 진보를 위하여 베드로가 어떻게 약속을 붙잡았는지 깊이 생각해 보라.

성령의 은사들은 고린도전서 12장에 열거한 것처럼 '나타남'(manifestation)이라는 단어가 강조된 은사처럼 보인다. 고린도인들은 이 초자연적인 은사들에 대하여 열려 있었으며, 그 은사들을 활용하였다. 성령의 모든 사역은 성격상 초자연적이지만, 그들이 나타나는 방식이나 일하는 방법은 다양하다. 그것은 성령의 역사하

심으로 **된** 것이다.

- 몇 가지 은사들에 있어서 그 기능의 목표는 단순히 행함에 영향을 미치는 것이다.
- 어떤 은사는 행위를 야기시키는 데 그 목표가 있다.
- 은사들 가운데는 하나님이 주신 기술과 인내로 그 은사를 활용하여 친구나 사랑하는 사람의 건강을 회복하게 할 수 있도록 하는 것도 있다(돕는 은사나 자비를 베푸는 은사).
- 어떤 사람은 믿음으로 기도하면서 '일어나 걸으라!' 고 말할 수 있는 은사를 갖고 있기도 하다.

어떤 경우에는 초자연적인 돌봄이 주어진다. 또 다른 경우에는 초자연적인 회복이 나타나게 된다. 그러나 교회에서는 이런 다양한 은사가 모두 필요하다는 사실을 기억해야 한다. 이러한 은사들은 교회 사역에 있어서 항상 필요하다.

성령께서 은사를 통하여 성령의 능력을 나타내기 위하여 당신을 사용하신다는 것을 느낀 적이 있으면 그것을 기술해 보라. 그러한 경험을 은혜라고 부르는 것을 주저할 필요가 없다.

용어 설명

나타남(manifest, manifestation). 파네로스(phaneros), 파네로시스(phanerosis). '분명히 하다', '보이게 하다', '빛나게 하다'. 오직 고

린도전서 12장 7절과 고린도후서 4장 2절에서만 사용되었다. 성령의 은사의 기능과 관련하여 '눈에 보이는 것'과 '주의를 끄는 것' '하나님의 영의 현존을 주목하게 함'을 의미한다.

우리는 하나님이 교회를 위하여 많은 영적 은사들을 공급하신 것을 보아 왔는데, 특히 여러 목록들이 신약성경에서 발견된다. 각 목록은 각기 다른 세 권의 책에 나타나는데 각기 다른 부류의 은사들을 언급하고 있다. 이러한 은사들은 특별한 교회들의 각기 다른 필요와 경험들과 연관되어 있는 것 같다. 많은 성경학자들이 신약성경의 목록들은 하나님께서 주시는 은사들을 모두 나열한 것이 아니라고 생각하고 있다. 그리스도의 몸된 교회를 세우고 교회를 유익하게 할 수 있는 어떤 일이 있다면, 그 일을 감당할 수 있도록 하는 은사가 주어진다. 만일 하나님께서 축복해 주시는 어떤 일이 있다고 하면, 베드로가 말한 것처럼 그 일을 할 수 있게 하는 은사도 있을 것임에 틀림없다.

"만일 누가 말하려면 하나님의 말씀을 하는 것같이 하고 누가 봉사하려면 하나님의 공급하시는 힘으로 하는 것같이 하라 이는 범사에 예수 그리스도로 말미암아 하나님이 영광을 받으시게 하려 함이니 그에게 영광과 권능이 세세에 무궁토록 있느니라 아멘"(벧전 4:11).

신령한 은사들의 구약의 예표론(Typology)

대부분의 신약성경의 축복은 구약성경의 예표론에서 발견되는 양식(pattern)을 갖고 있다. 출애굽기 35장 30~35절을 연구해 보면 신령한 은사들에 대한 구약의 양식이 발견된다.

성막을 만들고 또 그 비품들을 만드는 데 있어서 모든 종류의 기술과 예술적인 재능이 요구되었다. 옷, 커튼, 그리고 기타 여러 가지를 만드는 데 있어서도 마찬가지였다. 그래서 숙련된 일꾼이 필요하며, 기능공들을 단체로 훈련시킬 수 있는 교사들이 있어야만 했다. 하나님의 프로젝트인 이 일을 완성시키기 위하여 하나님은 성령을 부어 주심으로 일꾼들과 교사들에게 필요한 은사를 내려주셨다. 성령 충만한 사람은 물건을 만들기 위해 그들의 솜씨를 사용하였을 뿐만 아니라 다른 사람들을 훈련하기 위해 그들의 가르치는 은사를 사용하였다. 전체 프로젝트는 은사받은 사람들에 의해 진행되었고, 그들은 그 일이 끝났을 때 하나님께 모든 영광을 돌렸다.

- 모세에 의해 지명된 사람들의 이름과 그들의 직무를 말하라.

- 하나님께서는 그들 각자가 자신들의 임무를 완성할 수 있도록 하기 위해 어떻게 하셨는가?

'은사를 주심'(gifting)의 중요성은 아무리 강조하여도 지나치지 않다. 하나님은 모세에게 천막, 언약궤, 제단, 진설병, 은혜의 보좌

(the mercy seat), 제사장의 옷, 등대, 놋대야 등등의 예배와 관련된 모든 것의 양식(식양, pattern)을 주셨으며, 그 모든 것들은 하나님께서 주신 양식에 따라 정확하게 만들어졌다. "너는 삼가 이 산에서 네게 보인 식양대로 할지니라"(출 25:40). 구약의 장막의 양식은 신약성경 성취의 예표라고 하는 사실은 히브리서 8장 5절에서 발견된다.

"저희가 섬기는 것은 하늘에 있는 것의 모형과 그림자라 모세가 장막을 지으려 할 때에 지시하심을 얻음과 같으니 가라사대 삼가 모든 것을 산에서 네게 보이던 본을 좇아 지으라 하셨느니라."

당신은 예수가 그의 교회의 '건물'을 위해 어떤 양식을 가졌다고 생각하는가?(마 16:16~18) 예수님의 이 계획에 당신을 참여시키기 위하여 예수님이 당신에게 어떤 일을 하시리라고 생각하는가?

계시된 은사들

1. 성령

은사에 대해서 토론하고자 하는 목적은, 하나님께서는 교회의 사역(교회 시대를 통하여 교회가 행하도록 의도되었던 사역)을 위해 초자연적인 능력(capacitation)을 주신다는 것을 보여주는 데 있다.

'성령 충만한 삶'과 '성령 충만한 교회'라는 용어 그 자체가 사도 시대에 교회에 부어졌던 모든 신령한 은사들이 살아 있음을 가정한다. 초대 교회가 가지고 있던 능력 대부분이 '교회의 훈련이 힘을 얻을 때까지'만 필요했다는 생각은 불합리한 것이다.

후에 교회가 많은 핍박을 당할 때 성령의 권능인 '보혜사'

(Helper)의 도움이 그 어느 때보다 더 필요하였다. 그러나 어떤 이론을 제시한다 할지라도 은사들은 여전히 나타나고 있다. 그것들 중 어느 것도 잃었거나 시들지 않았다.

첫째, 성령의 '주심'(giving)에 초점을 두는 것같이 보이는 계시된 은사들을 간략히 살펴보기로 하자(고전 12:7~11).

1) 지혜의 말씀(The Word of Wisdom)

우리는 스데반의 사역에서 이 은사를 사용한 예를 볼 수 있다.

사도행전 6장 3절, 8장 10절을 연구하고 '지혜'가 스데반을 통하여 나타난 성령의 은사들 가운데 하나였을 것이라고 하는 증거를 제시해 보라.

용어 설명

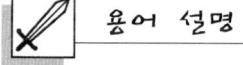

지혜(wisdom). 소피아(sophia). '실행적인 지혜', '세심', '기술', '통찰', '기독교인의 계몽', '지식의 바른 적용', '사물에 대한 올바른 통찰'. 성경에서의 지혜는 자주 지식과 연결된다(롬 11:33; 고전 12:8; 골 2:3). 하나님께서는 우리에게 안내(guidance)와 지도(direction) 그리고 사물을 아는 지식(knowing)이 필요할 것을 아시고 우리에게 지혜를 구하라고 말씀하시면서, 우리가 구하면 기꺼이 주실 것이라고 확신하셨다(약 1:5).[18]

18) Ibid., 1636, "Word Wealth: 6:10 wisdom."

2) 지식의 말씀(The Word of Knowledge)

'말씀' 은 성령의 은사 가운데 하나이다. 그러나 꼭 음성과 관계된 은사를 가리키는 것은 아니다. 헬라어로 '로고스(*λogos*)' 라는 단어가 항상 발언된 말(spoken word)만을 의미하는 것은 아니다. 그것은 '생각', '진술', '강연', '실체의 것' 등의 의미도 있다. 만약 음성적인 은사를 뜻했다면 **레마**(rhema)라는 단어가 더 적절했을 것이다. 이 은사에 대한 성경적 표현은 고린도전서 1장 5절에서 발견된다. "이는 너희가 그의 안에서 모든 일 곧 모든 구변과 모든 지식에 풍족하므로." 만약 '지혜의 말씀' 이 교회에 실제적인 행동에 대한 통찰을 가져다준다면, '지식의 말씀' 은 그 행위의 기반을 이루고 있는 교회의 원리에 빛을 비춰 주어야 한다. 이것은 기름 부음을 받은 교사를 위한 이상적인 은사이다.

- 사도행전 18장 24~28절을 살펴보라. 누가 이 '가르치는' 지식을 위해 일한 것처럼 묘사되었는가?

- '계시적' 지식의 이행으로 묘사할 수 있는 일이 요한복음 1장 48~50절, 4장 17~18절과 사도행전 5장 1~5절에 나타나 있다. 그것이 무엇인가?

---

3) 특별한 믿음의 은사(The Gift of Special Faith)

성령의 은사에 대해 연구하는 거의 모든 학자들은 이 은사를 '**특별한** 믿음'의 은사로 간주하고 있다. 우리 모두는 믿음으로 '믿음'을 실천함으로써 그리스도인들이 된다. 그러나 여기에서 말하고 있는 믿음은 정도와 적용에 있어서 그러한 믿음과는 다르다. 이 특별한 믿음은 베드로가 앉은뱅이에게 "나사렛 예수 그리스도의 이름으로 일어나 걸으라"고 말한 사도행전 3장의 행위에서 볼 수 있다. 이 믿음은 또한 사도행전 14장에서도 발견된다. 여기서 바울은 또 다른 앉은뱅이에게 "네 발로 바로 일어서라"고 말하였다. 특별한 믿음은 자주 '기적을 행하는' 은사와 '치유'의 은사들과 함께 역사한다.

- 위에서 언급된 두 에피소드(행 3:1~4:22, 14:8~18)를 읽고, 그들이 이 은사를 사용했을 때 어떤 일이 생겼는가를 살펴보라.

---

4) 치유의 은사(The Gift of Healing)

치유의 은사는 특별한 기름 부음으로, 이를 통해 하나님은 그리스도의 몸 된 지체들로 하여금 자연적인 방법들을 사용하지 않고도 환자들을 치유하거나 온전하게 할 수 있는 도구 혹은 매개체가 되게 하신다. 치유는 육체적인 것일 수도 있고, 정신적인 것일 수도 있다. 그리고 정서적이거나 영적인 것일 수도 있다.

용어 설명

치유(healing). 이아마다(iamata). '치료하다'의 몇가지 의미로 사용되었다.

첫 번째로, 육체적 치유의 의미로 22번 사용되었다. 마태복음 15장 28절에서 '온전하게 만든다'(KJV), 또는 '치유하다'(NKJV)라는 의미로 사용되었으며, 사도행전 4장 34절에서도 같은 의미로 사용되었다.

두 번째로, 영적인 '치유'의 의미로 상징적으로 사용되기도 했다. 마태복음 13장 15절, 요한복음 12장 40절, 사도행전 28장 27절, 히브리서 12장 13절을 참조하라. 베드로전서 2장 24절과 야고보서 5장 16절은 육체적인 치유와 영적인 치유 모두를 의미한다. 의사인 누가는 15번 이 단어를 사용하였다.

이 은사의 명칭은 여러 면에서 이례적이다.

첫째, 명칭에서 두 단어(은사, 치유) 모두 복수로 되어 있다. 둘째, 비록 모든 은사들이 **카리스마타**, 즉 '은혜의 은사들'이긴 하지만 오직 이 은사만이 **카리스마**, 즉 '은사'라는 단어가 사용되었다. 그러나 왜 '치유'와 '은사'가 복수 형태인 '치유들'과 '은사들'로 표현되었는지는 확실하지 않다. 더구나 이 단어들은 28절에서도 복수 형태로 나타나고 있다.

이처럼 이 은사가 복수 형태로 표현되고 있는 것은, 각기 다른 형태의 질병들을 치유할 때 다른 종류의 치유의 은사들이 필요함을 의미하는 것일 수도 있다. 또한 치유의 사건 하나하나가 하나의 은사임을 의미하는 것일 수도 있다. 후자의 관점에서 볼 때, 이 은사들은 고정된 하나의 은사로 사람들에게 주어지는 것이 아니라 모든 교회를 위한 은사들로서 긍정적인 믿음으로 응답할 때마다 나타나는 은사들로 이해된다.

치유 은사를 소유하고 있다고 주장하는 사람들은 매우 드물다. 그러나 베드로, 요한, 야고보, 바울 같은 신약성경의 몇몇 사람들은 치유의 역사들을 자주 행한 주님의 종들임을 우리는 알고 있다. 우리 시대에도 하나님께서 치유 사역을 위해 부르신 자들이 있고, 그들에게 하나님이 특별한 믿음을 주셨다는 것은 의심할 바 없다.

5) 기적들을 행함(Operation of Miracles)

기적들을 행할 수 있는 은사가 교회에 주어졌다. 하나님의 섭리의 때에 기름 부음을 받은 사람들은 주님의 이름으로 행하거나 말하도록 기름 부음을 받을 것이고, 그들을 통해 초자연적인 역사가 일어나게 된다. 신약성경에 초자연적인 권능의 사건들을 '기적'(miracle), '기사'(wonders), '표적'(signs)이라고 불리고 있다(행 2:22, 43, 6:8, 8:13). **기적**은 '하나님의 권능의 사건'이고, **기사**는 '놀라게 만드는 사건'이며, **표적**은 '무엇인가를 의미하는 사건'이다. **기사**(wonder)라는 단어가 결코 단독적으로 사용되지 않았다는 것은 매우 흥미로운 사실이다. 하나님은 결코 감탄을 하게 하거나 놀라도록 하기 위하여 기적들을 행하지 않으신다. 하나님의 기사들은 항상 '무엇인가를 의미하는' 표적과 함께 동반된다. 진정한 기적들은 항상 하나님께 영광을 돌리고 우리에게 하나님이나 그의 목적에 대해서 무엇인가를 말해 준다.

- 사도행전 9장 36~42절과 13장 8~12절을 살펴보라. 어떤 기적들이 일어났으며, 거기에 누가 연관되어 있는지 말해 보라.

----

6) **예언의 은사**(The Gift of Prophecy)

'선지자'(prophet)라는 말은 헬라어 '프로페테스'(prophetes)로부터 온 것으로, '전에'(before), '앞쪽으로'(forth), '……을 위하여'(for) 또는 '……의 유익을 위하여'(in behalf of)의 의미가 있는 **프로**(pro)와 '말하다'의 의미가 있는 **페미**(phemi)라는 두 단어로부터 파생된 것이다. '프로페테스'라는 단어는 '앞일을 말하는 사람', '미리 말하는 사람'이나 '남을 위하여 말하는 사람' 등을 의미한다. 신명기 18장 18절은 구약성경의 선지자에 대한 정의를 보여준다. "내가 그들의 형제 중에 너와 같은 선지자 하나를 그들을 위하여 일으키고 내 말을 그 입에 두리니 내가 그에게 명하는 것을 그가 무리에게 다 고하리라." 신약성경에는 예언의 은사의 세 가지 수준(levels)이 있는 것 같다.

– 구약성경의 선지자의 연장 선상에 있는 사람(carryover, 아가보, 행 11:28, 21:10~11)

- '방언과 통역' 과 동등한 것으로서의 '예언의 은사' 를 가진 사람(고전 14:5)
- 교훈과 권면, 위로를 하도록 기름 부음 받은 사람(고전 14:3)

• 아가보의 예언은 무엇이었으며, 언제 그것이 성취되었는가?

----

7) 영 분별의 은사(The Gift of Discerning of Spirits)

'영 분별' 은 '분간하다. 차별하다, 구별하다' 의 의미가 있는 헬라어 '디아크리세이스 프뉴마톤' (diakriseis pneumaton)에서 유래되었다.

바울은 이 단어를 주님의 만찬에서 주님의 몸을 분별하지 않았던 부주의한 고린도인들을 꾸짖는 데 사용하였다(고전 11:29). 이 은사는 사람들을 분간하기 위한 것이 아니고, '영들' 을 분별하기 위한 것이다. 바울은 "예언하는 자는 둘이나 셋이나 말하고 다른 이들은 분별할 것이요"(무슨 영인지 분별)라고 말하였다(고전 14:29). 예언에 대한 성경적 분별은 확실하게 발견되지 않는다. 그래서 바울은 데살로니가인들에게 '예언을 경히 여기지 말라' 고 기록하였다. 지혜롭게 절제된 예언은 모든 소리의 은사(vocal gifts) 중에서 가장 유익하다고 바울은 여겼다(고전 14:1).

• 사도행전 8장 1~25절을 읽고, 23절에서 발견되는 '분별' 에 대

하여 말해 보라. 그리고 그 결과는 무엇이었는가?

---

8) 방언과 통변의 은사들(The Gifts of Tongues and Interpretation)

이것은 문자적으로 '방언의 종류들' 이다. 이것은 다르게 사용되는 다른 언어 또는 방언을 뜻할 수도 있다. 고린도전서 14장 14~17절에 따르면 방언하는 사람이 방언으로 기도도 하고(15절), 노래도 하고(15절), 찬양도 하고(16절), 감사도 드린다(17절).

통변은 찬양과 감사 가운데 전체 회중이 연합할 수 있게 하기 위해 필요하다. 방언을 말하는 사람들은 반드시 회중과 은사의 유익을 나누기 위해 통변의 은사를 위해 기도해야만 한다. 때로 방언은 다른 사람이 알아들을 수 없게 찬양을 하거나 기도할 때 사용되기도 하며, 불신자들에게 하나의 표적으로 사용되기도 한다(고전 14:22).

2. 성부 하나님

'동기적인' (motivational) 또는 '창조적인' (creational)은사

로마서 12장 3~8절에 나타난 이러한 은사들은 각 사람 안에서 행하시는 성부 하나님의 창조적인 사역에 초점을 두고 있는 것으로 보인다. 하나님은 그들에게 아래에 열거한 것들을 서로 다르게 '섞어' 주셔서 하나님의 창조 사역에 참여하게 하신다. 그래서 사람들은 하나님께서 주신 달란트나 재능을 가지고 각자의 '동기' 나 성향에 따라 일한다(고전 12:6, 18).

1) 예언
2) 사역(diakonia, 섬김)
3) 가르침(성령의 기름 부음을 받음)
4) 훈계(히 10:25)
5) 자신의 소유물을 나누어줌(엡 4:28)
6) 지도력(앞장서는 사람)
7) 긍휼을 보임(친절과 동정)

3. 성자

에베소서 4장 8~11절에 나열된 직임의 은사들이다.

1) 사도들
2) 예언자들
3) 복음주의자들
4) 목사—교사

다음에 답하라.

- 열두 사도 이외에 적어도 세 명의 '사도들' 의 이름을 적어 보라.

- 신약성경에 나오는 '교사들' 가운데 적어도 세 사람의 이름을 적어 보라.

- 목사들(감독 또는 장로들이라고 불림)에 대하여 언급하는 곳을 두 군데만 말해 보라.

이 모든 것을 종합해 보면, 하나님의 아들이 주신 은사들은 처음 두 범주의 은사들(성부 하나님께서 주시는 은사들과 성령이 주시는 은사들)이 교회의 몸에 적용된다는 사실을 확신하는 데 있어서 중요한 역할을 한다는 것을 알 수 있다. 에베소서 4장 7~16절은 그리스도께서 각각의 목적에 따라 교회에 두신 '직임의 은사들'(office gifts)에 대해서만 언급하는 것은 아니다.

1) 이 지도자들은 각 사람으로 하여금 창조주께서 그들을 어떤 **자리**에 세우셨으며, 그들이 어떤 존재가 되어야 하는가를 깨닫도록 도와준다.
2) 그리고 성령의 **권능**을 받고 하나님이 주시는 은사들 —이 은사들은 교회를 세워 가고 세상을 복음화하기 위하여 주신 것으로, 믿는 자들은 이 은사를 통해 창조 시에 주어진 **것보다 더** 큰 능력을 받게 된다— 에 응답하도록 도와준다.

이러한 관점에서 우리는 분명하게 제시된 은사의 범주들, 성부 하나님께서 주시는 은사(롬 12:6~8), 성자 예수님께서 주시는 은사(엡 4:11), 그리고 성령께서 주시는 은사(고전 12:8~10)들을 살펴보게 된다. 우리는 은사들의 목록이나 위에서 개괄적으로 제시한 은사들의 구조만을 연구해서는 안 된다. 그러나 이러한 일반적인 개요는 다음과 같은 두 가지 측면에서 도움이 된다.

첫째, 우리의 독특한 목적과 그의 성취를 위해 삼위일체의 하나님께서 각기 어떤 관심을 갖고 어떤 일을 하시는가를 알게 해준다.

둘째, 우리의 삶과 하나님을 섬김에 있어서의 근본적인 동기, 그리고 봉사와 사역을 위해 우리가 의도적으로 성령 충만한 자원과 능력을 구하는 것을 서로 혼돈하지 않게 해준다.[19]

19) Ibid., 2023, "kingdom Dynamics: Holy Spirit Gifts and Power."

제 9 장

예수의 이름 속에 있는 비밀

(눅 17:12~19)

모든 세대의 모든 사람들에게 있어서 가장 위대한 이름은 예수의 이름이다.

> "이러므로 하나님이 그를 지극히 높여 모든 이름 위에 뛰어난 이름을 주사 하늘에 있는 자들과 땅에 있는 자들과 땅 아래에 있는 자들로 모든 무릎을 예수의 이름에 꿇게 하시고 모든 입으로 예수 그리스도를 주라 시인하여 하나님 아버지께 영광을 돌리게 하셨느니라"(빌 2:9~11).

많은 학자들은 여호와를 예수의 이름과 동일시한다. 엄밀하게 말하면, 예수의 이름은 '여호와께서 구하신다'(Yahweh Saves)는 의미를 가진 히브리어의 헬라어 형태이다. 우리의 '구속자'를 지칭하는 이름들은 구약성경의 모든 부분에서 발견된다. 호톤(T. C. Horton)이라는 학자는 구세주—예수—에 대한 365개의 이름들을 발견했는데, 이는 1년 365일과 같은 숫자이다(The Wonderful Names of Our Wonderful Lord). 예수의 이름의 풍성함을 연구하는 것은 지혜롭고 당연하다. 왜냐하면 그의 이름으로 믿는 우리가 "병든 사람에게 손을 얹은즉 나으리라"(막 16:18)고 말씀하고 있기 때문이다.

심층 연구

이름은 성경의 세계에 있어서 중요하다. 그리고 가장 중요한 이름은 우리 구주와 관련된 이름들이다. "이름을 예수라 하라 이는 그가 자기 백성을 저희 죄에서 구원할 자이심이라"(마 1:21). '예수'는 히브리 이름인 '여호수아'의 헬라어 형태이고, '주님은 구원이시다'라는 의미를 갖고 있다.

성경에는 예수 그리스도의 수백 가지 이름과 호칭들이 있고, 각각은 이중적인 계시를 갖고 있다. 그것들은 예수 그리스도의 본성과 그가 우리를 위해 어떤 일을 하기를 원하시는가를 보여준다. 《놀라운 그의 이름(*His Name is Wonderful*)》에서 워렌 위어스비(Warren Wiersbe)는 그가 갖고 있는 이름들은 그가 우리에게 주기를 원하시는 축복들이 무엇인가를 보여준다고 말한다.

예수의 놀라운 이름들

예수의 이름은 인간의 타락과 구세주에 대한 그들의 필요와 함께 시작되었다. 창세기 3장에서 앞으로 오시기로 되어 있던 구속자는 여자의 '씨'라고 불리는데, '때가 차면' 그가 옛 뱀의 머리를 상하게 할 것이라고 말하고 있다.

창세기 후반에서(49:10), 우리는 흥미롭고 별난 또 하나의 이름을 발견한다. "홀이 유다를 떠나지 아니하며 치리자의 지팡이가 그 발 사이에서 떠나지 아니하시기를 실로가 오시기까지 미치리니 그에게 모든 백성이 복종하리로다." 실로라는 단어의 의미와 유래는 불확실하지만, 연구하면 의문이 풀리고 힘 있는 진리가 드러나게 된다.

용어 설명

실로(shiloh). 실로는 장막이 세워졌던 도시였다(수 18:1). 그러나 창세기에서 실로는 어떤 이름이나 타이틀로 나타나고 있다. 그리고 믿는 자들은 일반적으로 예수의 메시아적인 칭호로 받아들인다. 실로의 유래는 불확실한데, 하나의 견해는 실로가 '평화스러운 것'을 의미하는 하나의 명사라는 것이다. 또 하나의 견해는 실로가 대명사의 접미사를 가진 명사로, '그의 아들'이라는 의미로 이해되어야 한다는 것이다. 그렇게 보면 치리자들과 군주들이 그의 아들이 올 때까지 유다로부터 떠나지 않았을 것이라는 의미가 된다.

또 하나의 가능성은 실로가 샤이(shay)와 로(loh)의 두 단어로 나누어져 '찬사를 받을 자'라는 의미를 가지고 있다는 것이다. 그러나 가장 가능성 있는 설명은 고대 유대인들이 주장했던 것으로, 실로라는 단어가 '그것이 속하여 있는 누구에게'(to whom it belongs)라는 의미가 있다는 것이다. 쉘로(shelloh)는 '그것이 속하여 있는 누구에게', '왕국을 소유하고 있는 자' 또는 '다스릴 권세를 갖고 있는 자'라고 옮길 수 있다. 특별히 에스겔 21장 27절을 보라.[20]

"내가 엎드러뜨리고 엎드러뜨리고 엎드러뜨리려니와 이것도 다시 있지 못하리라 마땅히 얻을 자가 이르면 그에게 주리라."

에스겔의 예언은 메시아적 예언으로, 실패한 치리자들과 죄악된 세상의 지도자들이 평화와 의의 왕국을 건설하실 '왕의 왕이고 주의 주'가 되시는 분이 오실 때 멸망한다고 예견한다. 그리하여 실로는 그리스도와 관계되어 예언된 이름 중 가장 오래된 최초의 것이고 그의 통치권을 선포한다. 그의 이름을 찬양하라. 그는 **마땅히** 다스릴 **권세**를 갖고 계신 분이다.

구약성경의 예언자들의 대부분은 그들의 계시의 망원경으로 구세주가 더 가까이 오심을 보지 못하였다. 그들은 단지 새 예루살렘을 가져오실 분만을 바라보았다. 그러나 대메시아적 예언자인 이사야는 구속하는 양과 다스리는 사자의 두 가지 역할에서 그를 보았다.

20) Ibid., 77, "Word Wealth: 49:10 shiloh."

이사야는 처녀의 아들이 '하나님께서 우리와 함께하신다' 는 뜻의 임마누엘로 이름지어질 것이고, 그 아이는 '영원하신 아버지', '전능하신 하나님', '평강의 왕' 그리고 '기묘자, 모사' 의 4중 이름을 갖게 될 것이라고 생각하였다. 이 네 가지의 이름을 생각해 보라.

우리가 어느 측면에서 예수를 생각해 보든지 간에 그분은 '기묘자' 이시다. 그는 권능에 있어서 놀랍고, 지혜에 있어서도 놀라우며, 은혜와 사랑에 있어서 경이롭다. 더욱이 예수께서는 성육신을 통하여 자신을 죄인된 인간과 동일시하심으로써 하나님의 사랑을 보여주셨다. 그는 성육신(Incarnation)하시어 인간의 죄와 허물을 위한 속죄 제물로 드려졌다. 이 얼마나 놀라운 성육신인가!

- 당신의 삶 가운데서 예수께서 '기이한 일' 을 행하신 것 하나를 설명해 보라.

- 예수는 그의 백성들이 어둡고 험난한 여행을 할 때 그들을 인도하시는 '모사' (counsellor)이시다. 절대로 실수하지 않는 놀라운 조언을 따르는 자들은 더 이상 '사악한 자의 권고' 에 넘어가지 않게 된다. 시편 32편 8절과 이사야 30장 21절을 살피고, 주께서 우리에게 조언하시거나 지시하시는 두 가지 방법을 설

명하라.

- 예수는 또한 '전능하신 하나님' 이시기 때문에 우리를 완전하게 구속하실 수 있다. 그는 '창조' 에 있어서 전능하시고(요 1:3), 계시에 있어서도 전능하시며(히 1:1~2), 구원에 있어서 전능하시고(엡 3:16), 사역에 있어서도 전능하시며(마 13:54), 치유의 기적들에 있어서도 전능하시다(롬 15:19). 여기에서 예로 든 성구들을 살피고, 이 중 하나에 대한 당신의 의견을 적어 보라.

- 예수는 또한 '영원한 아버지' 이시자 결코 변치 않는 분이시다. 그의 축복은 결코 끝나거나, 낡거나, 불가능해지지 않을 것이다. 그의 치유의 기적과 변화시키는 기적들은 '복음' 이 아직 모든 나라와 족속, 언어와 부족에까지 전해질 때까지 믿는 자들에게 나타날 것이다. 히브리서 13장 8절을 이러한 그의 이

름과 연관시켜 보라.

- 고통받는 사회에서 평화의 왕인 예수의 이름은 놀라운 것이다. 예수는 요한복음 14장 27절에 기록된 대로 우리에게 평화의 귀중한 유산을 주셨다. "평안을 너희에게 끼치노니 곧 나의 평안을 너희에게 주노라 내가 너희에게 주는 것은 세상이 주는 것 같지 아니하니라 너희는 마음에 근심도 말고 두려워하지도 말라."
  시간을 갖고 이러한 이름들에 대하여 기도해 보라. 또한 이러한 이름들이 우리에게 주는 특별한 자원을 당신의 것으로 취하라. 그들은 모두 '예수의 이름'이다. 예수의 이름을 나열하라. 그리고 그 옆에 그 이름의 능력을 적용할 사람이나 상황을 써 보라.

예수의 이름을 통한 구원

이사야에게 그리스도는 "우리의 슬픔과 질고를 아는 자"로서 그의 속죄적 죽음에 의하여 그는 "우리의 죄악들(질병들)로 인하여" "상함을 입을" 분, 그리고 "우리의 허물을 위해" "채찍에 맞게" 될 분으로 보였다. 이사야의 부모는 성령에 인도되어 그를 '여호와는 구원이시다'를 의미하는 '이사야'라고 이름지었다. 또한 "그들의 죄로부터 그의 백성을 구하실" 것이기 때문에 예수라고 이름 지어진(마 1:21), '여호와의 고난받는 종'의 오심을 알리는 예언자가 되었다. 이사야가 바라본 메시아가 바로 예수였다고 하는 사실은 "이사야가 이렇게 말한 것은 주의 영광을 보고 주를 가리켜 말한 것이라"라는 문장으로 결론지어진 요한복음 12장 38~41절의 예수의 말씀에 의해서 증명되었다.

많은 사람들이 구약성경에서의 구원은 모세의 율법을 지킴으로 얻는 것이라고 잘못 생각하고 있다. 이것은 진실이 아니다. 오히려 모세의 율법은 신정정치를 지속시키거나 질서 있는 사회를 위한 하나의 표준 같은 것이다.

하나님은 사람을 죄로부터 구하시기 위해서가 아니라 그들로 하여금 죄를 깨닫게 하기 위해 율법을 주셨다. 아담과 하와로부터 죄된 본성을 상속받은 사람이 완전하게 율법의 요구들을 준수한다는 것은 불가능하다. 대개 보면, 율법을 주의 깊게 읽은 사람들은 베옷과 재 가운데서 회개하였다.

아담이 죄를 지었을 때 하나님께서는 그를 에덴으로부터 추방하였고, 희생의 방법에 의해서만 오직 거룩한 하나님께 접근할 수 있다고 가르쳤다(창 3:15, 21, 4:4). 아브라함은 모리아 산에서 그의 아들 이삭을 죽이라는 명령을 받았을 때 순종하였다.

• 히브리서 11장 17~19절에 따르면, 왜 아브라함은 기꺼이 이

삭을 희생하였는가? 하나님께서 개입하셨을 때 어떤 약속과 교훈을 얻었는가?(창 22:10~14)

더구나 하나의 약속된, 필요한 대리(substitute)의 이 원리는 모세의 체계에 의해 더 자세히 가르쳤다. 이스라엘에서 대제사장은 매해마다 한 번씩 백성들의 죄를 속죄하기 위해 지성소(긍휼의 자리)에 들어갔다. 죽음의 판결은 흠없는 짐승에게 넘겨졌고, 속죄된 자유의 사람은 하나님께 나아갔다. 그러나 실제로 짐승은 죄 있는 인간을 위해 대체될 수 없다.

도살된 양은 단지 '때가 차면' 믿음으로 하나님을 부르는 모든 죄인들을 위해 죽으실 영원한 '하나님의 어린 양'의 상징(type)일 뿐이다. 오시기로 되어 있던 그를 통하여 구약의 믿는 자들은 구원받게 되어 있었다.

예수는 모든 것들을 창조하신 바로 그 하나님이시다. 하나님의 양으로서 그는 십자가에서 죽으셨고, 죽음으로부터 다시 살아나 승천하셔서 아버지의 우편에 앉아 계신, 영원한 우리의 대제사장이신 분이다. 그를 통하여 우리는 담대하게 은혜의 보좌 앞으로 나아간다. "저에 대하여 모든 선지자도 증거하되 저를 믿는 사람들이 다 그 이름을 힘입어 죄 사함을 받는다 하였느니라"(행 10:43). 우리의 완전하고 영원한 중재자를 통하여 하나님께 가까이 나아갈 수 있게 되었다.

예수의 이름으로 하나님의 보좌에 나아간다고 하는 것은 바로 예수를 통해 하나님 앞에 나아가는 것을 의미한다. 그래서 예수께서 우리에게 "너희가 **내 이름으로 무엇을 구하든지** 내가 시행하리니 이는 아버지로 하여금 아들을 인하여 영광을 얻으시게 하려 함이라"(요 14:13)고 말씀하셨다.

- 예수는 모든 이름 위에 뛰어난 이름을 어떻게 갖게 되었는가?

- 예수의 제자들은 예수가 구약성경의 어디에서 계시되었는가를 어떻게 알게 되었는가?(눅 2:25~27)

- 이사야에서 발견되는 예수의 네 가지 이름을 적으라.

- '실로' 라는 이름이 함축하고 있는 것과 그것의 역동적인 의미를 말해 보라.

- 구약성경에서는 사람들이 어떻게 '구원' 받았는가?

예수의 이름으로의 치유

예언된 대로 예수의 이름의 의미와 그 이름이 갖고 있는 능력을 연구함으로, 우리에게 가서 병자를 치유하라고 하신 그의 명령을 살펴보기로 하자.

예수는 하나님의 나라를 선포하도록 하기 위해 70명을 보내실 때, 그들에게 이렇게 말씀하셨다. "거기 있는 병자들을 고치고 또 말하기를 하나님의 나라가 너희에게 가까이 왔다 하라"(눅 10:9). 그들이 선교여행에서 돌아와 "주여 주의 이름으로 귀신들도 우리에게 항복하더이다"라고 보고하였을 때, 예수께서는 "사단이 하늘로서 번개같이 떨어지는 것을 내가 보았노라"(눅 10:17~18)라고 말씀하셨다.

보충 설명

인근 동네에 70명을 파송하시면서 그들에게 주신 예수의 교훈은 직접적이고도 분명하였다. "거기 있는 병자들을 고치고 또 말하기를 하나님의 나라가 너희에게 가까이 왔다 하라." 하나님 나라의 도래와 치유 사역은 분리되지 않았다. 이러한 사실은 열두 제자를 파송하실 때 주신 말씀 가운데서도 나타난다(눅 9:1~2).

치유의 권세는, 제자들이 전달자와 하나님의 나라에 참예한 자들에게 주어지는 특권을 기꺼이 수행하려고 했을 때 그들에게 주어졌다. 이 사역을 하나님 나라의 도래에 대한 완전한 선언과 분리시켜서는 안 된다. 성령은 치유 사역을 통하여 예수 그리스도의 역사를

> 증거함으로써 그리고 왕의 권능에 영광을 돌림으로써 하나님의 나라가 임재했음을 확고히 하는 것을 기뻐한다. 이 치유의 사역은 사도행전 전체를 통하여 나타나며, 야고보서 5장 13~16절은 치유 사역이 개교회에서 장로가 행해야 할 의무 가운데 하나가 됨을 선언하였다.[21]

예수의 승천 후 사도들의 사역에서 나타난 예수의 이름으로 행한 치유의 기적 중 주목할 만한 것 가운데 하나는 사도행전 3장 2~7절에 기록되어 있다. 이 구절을 읽고 제자들의 인식과 필요에 대한 그들의 반응, 그리고 그들이 행한 치유 사역의 3단계를 기술해 보라.

앉은뱅이를 고친 사건에 대한 반응은 즉각적으로 나타났다. 이 소식은 곧 온 동네에 퍼지게 되었다. 제자들은 곧 어떻게 그렇게 위대한 기적이 발생되었는지를 알고 싶어하는 많은 사람들로 둘러싸였다. 앉은뱅이는 매일 성전 문에서 구걸하였기 때문에 모든 사람들에게 잘 알려진 사람이었다. 어떤 사람들은 제자들에게 기적의 능력이 있다고 여기기 시작하였다.

21) Ibid., 1532, "kingdom Dynamics: The Disciples Instructed to Heal."

- 16절을 읽고 베드로의 반응을 기록하라.

다음날 종교 지도자들과 관원들은 사도들을 불러서 도시 전체를 크게 놀라게 만들었던 앉은뱅이의 치유 사건에 대하여 설명하도록 요구하였다. 전에는 두려움 때문에 예수를 부인했던 베드로가 이번에는 공회를 향하여 담대히 말하였다.

- 베드로는 어떻게 그 사람이 치유되었는가를 설명하였는데, 그의 설명의 요점은 무엇인가?(행 4:9~10)

사도들은 치유의 능력을 예수와 그의 이름의 선포에 돌렸다. 그들이 한 일은 단지 성령의 역사에 대하여 반응한 것과 —성령이 그들에게 특별한 믿음을 주셨다— 성령께서 그들에게 주신 말을 예수의 이름으로 전한 것뿐이었다. 그들은 기적이 그들 자신의 어떤 힘이나 경건과는 아무런 관계도 없다고 분명히 말했다. 기적은 예수의 의(義)와 예수의 이름으로 말미암은 것이었다.

- 당신이라면 이러한 상황 속에서 당신에게 주어진 특권에 대하여 어떻게 하겠는가?

스데반이 돌에 맞아 죽은 후에(행 7장) 교회 전체에 큰 핍박이 일어나 많은 사람들이 예루살렘을 떠났다. 예루살렘에서도 도망한 사람 가운데 빌립이 있었는데, 그는 사마리아에 도착하여 즉시 설교를 시작하였다. 신약성경에서 빌립은 복음 전도자로 불리고 있다. 복음 전도자는 그리스도에게로 영혼을 인도하려는 목표를 가지고 그리스도의 복음을 전하는 것을 전문으로 하는 사람이지만, 그들의 설교에는 표적과 기사가 흔히 수반되었다.

- 사도행전 8장 4~8절, 12절을 읽고 발생된 사건들의 종류들을 열거하라.

그 후 빌립은 성령에 이끌려 광야 길로 여행 중인 한 사람에게 증거하였다. 많은 군중들에게 복음을 전하던 이 전도자는 개인적으로 증거하는 일에도 능숙하였다. 그는 에디오피아 내시에게 나아가 이사야서를 통해 예수를 전함으로 그를 개종시켰다. 어떤 사람들은 에디오피아의 국고를 맡은 이 사람이 그의 땅으로 복음을

가지고 돌아간 후 그곳이 힘있는 기독교 국가가 되었다고 믿는다. 빌립은 다수에게나 한 사람에게나 예수의 메시지를 힘 있게 증거하였는데, 그의 설교와 기도는 위대한 예수의 놀라운 이름을 통하여 행해졌다.

야고보서 5장 13~18절의 신약성경의 치유의 언약으로 다시 돌아가 **예수의 이름**에 대하여 살펴보기로 하자. 이 언약은 두 부분으로 되어 있는데, 하나는 병자에 관한 것이고, 또 다른 하나는 기도하는 장로에 관한 것이다.

1) 병자는 장로들을 청해야 한다.

2) 장로들은 그 병자에게 기름을 바르고 그들을 위해 기도해야 한다.

• 본문을 읽고 정확하게 장로들이 **어떻게** 기도했나 설명하라.

(a) 무엇이 행하여졌나?

(b) 무엇으로 했나?

(c) 무슨 종류의 기도로 했나?

기름을 붓는 것은, 치유의 능력이 기도하는 장로들로부터가 아닌 성령으로부터 온 것임을 보이기 위한 것이다. 예수의 이름으로 기도하여 모든 이름 위에 뛰어난 이름을 가지신 예수께서 모든 믿는 자들을 은혜의 보좌 앞에 나아가도록 하는 중재자임을 확인하였다. 병자는 죄를 고백하고, 잘못을 고치고, 다른 사람을 위해 기도할 필요가 있다.

믿음에 방해되는 모든 것들이 옮겨질 때, 우리는 우리의 대제사장을 통하여 하나님께 나아가게 된다. "이러므로 너희 죄를 서로 고하며 병 낫기를 위하여 서로 기도하라 의인의 간구는 역사하는 힘이 많으니라"(약 5:16). 우리가 이것을 확신할 수 있는 것은 예수께서 "내 이름으로 무엇이든지 내게 구하면 내가 시행하리라"(요 14:14)고 약속하였기 때문이다.

이 장의 서두에서, 여호와의 '종'의 오심에 대한 이사야의 예언을 살펴보았다. 그는 우리로 하여금 메시아의 중요한 이름들에 대해 관심을 갖도록 하고 있다. 42장에서 그분은 아버지의 '기뻐하시는' '종'과 '택한(뽑은) 자'로 불렸다. 하나님께서 그분을 기뻐하실 것은 그분이 '이방에 비추는 빛'이 될 것이기 때문이다. 마태복음 12장 15~23절은 이사야로부터 인용된 구절들이다.

예수는 사람들에게 치유를 알리지 말 것을 경고하셨다. 왜냐하면 그는 아직 다윗의 보좌에 앉아서 다스릴 준비가 되어 있지 않았기 때문이다. 지금 예수는 죄 용서와 고통의 치유 같은, 그의 위대한 사랑의 마음으로부터 흘러들어오는 하나님의 축복을 나타내야만 한다. 그는 고난을 당하시고 죽으심을 통해 우리를 구속하시기 위해 오셨다. 만약 그의 불쌍히 여김에 의한 치유가 너무 넓게 유포된다면, 사람들은 예수께 왕관과 왕복을 입고 왕이 되시라고 요구할 것이다. 지금 그는 '하나님의 양'이다. 후에 그는 '유다 족속의 사자'가 될 것이다.

지금은 구속의 메시지가 여러 나라에 전해져야 할 때이다. 지금은 예수의 이름을 통하여 하나님의 은혜의 보좌 앞에 나아갈 수 있다고 하는 복음의 메시지를 모두에게 선포해야 하는 때이다.

우리는 이때를 **그 이름**(the name)의 시대라고 부를 수 있을 것이다. 그 이름으로 하나님께 나아가고, 그 이름으로 용서를 받고, 그 이름으로 치유를 받고, 그 이름으로 모든 기도가 응답된다. 은혜의 시대에 우리는 이 이름을 통하여 이러한 축복을 누릴 수 있게 된다.

마태는 그의 독자들에게 그들의 영과 몸의 구원을 위해 그리고 온전한 사람(total person)이 되기 위해, 겸손하게 고통을 당하신 그분을 모든 민족들이 믿게 될 그러한 시대가 오게 될 것임을 알려 주기를 원했다. 그분의 이름에 찬양을 돌린다!

적용

예수께 개인적인 찬미의 시를 씀으로 이 장을 마무리짓자. 예수의 이름의 권능과, 예수의 이름으로 주어진 약속과, 예수의 이름의 아름다움을 찬양하라.

글을 쓰는 기술이나 운율 같은 것에 신경쓰지 말자. 단순히 믿음이 함축된 찬양(praise)과 찬미(exaltation)의 말을 하며, 성령이 당신의 마음을 주장하도록 하라.

제 10 장

예수의 치유 목회

(약 5:16; 눅 11:4)

예수께서는 두세 사람이 마음을 합하여 기도하는 자들에게 약속을 하셨다. 그리고 끈질긴 믿음을 가지고 기도하는 자들에게 치유를 약속하셨다. 이 장에서 우리는 예수께서 어떻게 치유의 축복을 전해 주게 되었는지를 배우기 위해 그의 많은 치유의 기적들을 연구하고자 한다.

사전에서 **기적**은 '인간사(人間事) 가운데 신이 개입했음을 보여 주는 특이한 사건, 지극히 뛰어나거나 특이한 사건, 물건, 혹은 성취'로 정의되어 있다. 기적을 부인하는 사람들은 그것이 자연법을 어기는 사건(happening)이라고 생각한다. 그러나 소위 우리가 '자연법' 이라고 부르는 것은 자연에 대한 우리의 매우 제한된 이해에 불과하다. 만일 하나님께서 모든 자연을 창조하셨다고 하면, 이른 바 우리가 '자연법'이라고 부르는 것은 단지 자연에 대한 우리의 매우 제한된 연구와 관찰의 결과에 지나지 않는다. 하나님은 결코 어떤 법도 어기지 않으셔도 된다. 왜냐하면 그것은 하나님의 세계이고, 하나님의 특별한 역사와 현시(현현)들은 그의 믿음의 자녀들에 의하여 이해될 것이고, 또 그들에게 나타날 것이기 때문이다. 우리가 살아 있는 말씀을 알면 알수록 그리고 기록된 말씀에 의해 살아가면 살아갈수록, 우리는 주님의 특별한 역사를 더 많이 체험하게 된다.

다음의 성경구절들을 자세히 살펴보고, 기적이나 이적을 묘사하기 위해 사용된 여러 표현들을 기록하라.

- **요한복음** 4:48

- **사도행전** 2:19, 22, 43

- **사도행전** 4:30

- **사도행전** 7:36

- 사도행전 14:3

- 로마서 15:19

- 고린도후서 12:12

- 히브리서 2:4

성경은 흔치 않은 신적인 사건을 묘사하기 위해 특별한 여러 단어들을 사용하였다. **기적**(miracle), **표적**(sign), 그리고 **이사**(wonder)라는 용어들은 감탄과 놀라움의 원인과 관심을 끄는 것 등과 관련되어 있다. **권능**(power)과 **역사**(works)는 관심을 끌기 위해서보다는 그러한 것들 배후에 있는 하나님의 목적을 성취시키기 위해 행하시는 하나님의 역사를 묘사할 때 사용되는 용어들이다.

표적(sign)은 볼 수 있고 관심이 집중되지만, 그것들은 또한 우리에게 사건의 의미를 부여한다. 신약성경에서 이적(wonder)이라는 용어는 결코 독립적으로 나타나지 않고, 항상 **표적**이나 **기적**과 함께 동반되어 나타난다.

하나님은 결코 관심을 끌거나 호기심을 만족시키기 위해 놀라운 일을 하지 않으신다. 하나님께서 종종 행하시는 기적으로 우리를 놀라게 하실 때, 하나님은 항상 우리에게 하나님 자신 또는 우리와 함께 일하시는 그분의 방식에 대한 진리를 가르치시거나 계시하신다. 한 앉은뱅이가 기도의 응답으로 그의 발로 일어나 걷는다면 그것은 기적과 이적이다. 한 나병환자가 점차적으로 치료되어 제사장에게 자신을 보여주기 위해 갔다고 하자. 그렇다면 이것은 하나님의 역사이고 기적이다. 왜냐하면 문둥병은 불치의 병으로 생각되었기 때문이다. 만약 어떤 사람에게 3개월 안에 그의 상태가 치료될 것이라는 말이 주어졌는데, 일주일 안에 완전히 회복되었다고 하자. 그렇다면 그것은 하나님의 능력의 역사이다. 그러나 점진적인 작용으로 인해 기적이라고 불리지는 않을 것이다.

- 당신 자신의 언어로 기적을 정의하라.

- 신약성경에서 초자연적인 사건들을 묘사하는 데 어떤 단어들이 사용되었나?

- 표적과 기사는 어떻게 다른가?

- 외적인 놀라움을 야기시킬 목적으로 행하시는 것이 아닌 하나

님의 역사를 신약성경에서는 무엇으로 표현하고 있는가? 두 가지를 들어 보라.

- 하나님께서 어떻게 우리를 놀라게 하지 않고 우리의 삶 가운데서 일하실 수 있는가?

왕의 신하의 아들을 치료하기 위해 청함받은 예수

- 요한복음 4장 46~51절을 읽고, 전체 줄거리를 간단하게 요약하라.

기록된 예수의 첫 기적은 가나의 혼인 잔치에서 물로 포도주를 만든 것이다. 예수는 갈릴리 가나로 되돌아가던 중, 가나의 동쪽으로 약 25㎞ 떨어진 갈릴리 호숫가에 위치한 가버나움에서 병을 앓고 있는 귀족(왕의 신하)의 아들의 치료를 위해 와 달라고 하는 부탁을 받으셨다. 가버나움은 정치적으로도 중요한 도시였으며, 예수는 그의 사역의 대부분을 그곳에서 행하셨다.

1. 당신의 가정에서의 믿음의 성장

예수는 간청자의 가족들에 대한 치유 사역을 요청받으셨는데, 이것은 주목할 만하다. 부모들은 자녀들에게 하나님을 신뢰하도록 가르치고 또 그들로 하여금 믿음의 기도의 응답으로 건강과 치유를 가져다주시는 하나님을 바라보도록 해야 한다. 비록 가족의 질병이 의사의 존재를 요구한다 할지라도 위대한 의사이신 예수가 도움을 위해 초청되어야 하며, 그분으로 하여금 의사를 돕도록 해야 한다.

좋은 의사라면 누구나 다 창조주 하나님께서 우리 안에 치유를 가능케 하는 능력을 주셨기 때문에 그들이 우리를 치료할 수 있을 것임을 안다. 믿음의 기도는 치료가 더 효과적으로 일어날 수 있도록 도와준다.

왕의 신하는 자신의 아들의 치료를 위해 예수께 가버나움에 가 줄 것을 진정으로 간청했다. 예수께서 그에게 믿음을 시험하는 질책과 가벼운 꾸중을 하셨다. 유대 민족을 상징하는 종교 지도자는 표적과 기사가 나타날 때만 믿는 경향이 있었다. 그 신하는 시험을 통과했고, 그는 계속 예수께 진정으로 간청했다. 예수께서는 "가라 네 아들이 살았다"라고 그에게 말함으로써 두 번째 시험을 하셨다.

2. '보지' 않고 예수의 약속을 받음

귀족은 예수께서 그와 함께 가셔서 그의 아들을 위해 기도해 주기를 기대했다. 그러나 그는 약속의 말씀만 갖고 집으로 돌아갔고, 이것은 예수에 대한 그의 믿음을 드러내는 것이었다.

그는 예수의 말씀을 믿었다. 많은 사람들은 "만약 내가 진짜 기적을 본다면 나는 치유를 믿을 수 있다"라고 말한다. 하나님의 말씀을 믿지 않는 사람들은 결코 실제로 믿지 않을 것이다. 눈으로 볼 수 있는 기적들은 하나님의 약속에 대한 우리의 믿음을 강하게 해줄 수도 있다. 그러나 우리에게 치유를 위한 진실된 믿음을 주기에는 충분하지 않다. 베드로는 "예수를 너희가 보지 못하였으나 사랑하는도다 이제도 보지 못하나 믿고 말할 수 없는 영광스러운 즐거움으로 기뻐하니"(벧전 1:8)라고 말하였다.

- 예수의 이 사역을 통해 발견할 수 있는 기본적인 가르침은 무엇인가?

로마 백부장의 치료

- 마태복음 8장 5~13절을 읽고 감명을 주는 것 한 가지를 말해 보라.

----

1. 이방인 구도자들

신약성경에 나오는 로마 백부장들은 대개 존경할 만한 성격과 높은 인품의 사람으로 기록되어 있다(마 27:54; 행 10:1~2, 21:32, 22:25~26, 24:17~18, 23, 27:6, 43, 28:16을 보라).

이 백부장은 다른 많은 교육받은 로마인들처럼 로마의 이교도 신들과 여신들을 더 이상 믿지 않았다. 그들은 다신론을 극복하고 유일신론 안에서 더 큰 논리를 발견했다. 그 지역의 많은 이방인들은 유대주의의 개종자이거나 적어도 입문자들이었다.

2. 놀랄 만한 구도자

예수께서는 그의 믿음을 보시고 매우 놀라셨다. 그는 '주님을 놀라게 한 사람' 이라고 불렸다.

- 그는 **인간애**를 갖고 있었다(그는 그의 병든 종을 사랑하였다. 대부분의 로마의 노예의 주인들은 병든 노예는 죽도록 방치하였다).
- 그는 **헌신**의 사람이었다(그는 하나님의 백성을 사랑했다. 대부분의 로마인들은 항상 반항적인 유대인들을 미워했다).
- 그는 **관용**의 사람이었다(그는 자신의 돈으로 유대인들의 회당을 지었다).
- 그는 놀라울 정도로 **겸손**한 사람이었다(그를 예수께 보낸 유대 지도자들은 그에게 치유의 도움을 줄 가치가 있다고 선언했다. 백부장은 예수님을 자기 집에 모시기에는 자신이 부족한 사람이라고 생각했다).
- 그는 **권위에 대한 놀라운 통찰**을 갖고 있었던 사람이다. 그는 자연에 대한 예수의 권위를 자기 부하에 대한 자신의 권위에 비교하였다. 그래서 그는 예수께서 명령 한마디로 치유할 수 있으리라는 것을 알 수 있었다.
- 그는 다른 사람의 권위에 복종할 때만이 자신로 다른 사람에 대한 **권위**를 행사할 수 있다는 사실을 *이해하고* 있었다.

- 그는 놀라운 **믿음**을 갖고 있었다(시편 기자가 "그가 말씀을 보내사 위경에서 고치시는도다"라고 말한 이래로 이스라엘에서 그보다 더 큰 믿음을 가진 사람이 없었다). 백부장은 예수님을 그의 집에 모시지 않았지만 그의 삶 속에 그리고 마음속에 예수님을 모셨다.

우리를 위해서 예수님은 이미 우리에게 필요한 치유의 말씀을 주셨다. 그러나 우리는 구하고, 믿고, 받아야만 한다. 우리에게도 백부장과 같은 믿음이 필요하며, 구해야 한다!

- 신약성경에 로마 백부장들의 성격이 어떻게 표현되어 있는가?

- 예수님이 그의 종을 단 한마디로 고칠 수 있다고 생각한 백부장의 판단은 어떤가?

- 예수님의 치유의 사역에서 당신이 발견한 원리는 무엇인가?

가정에서의 치유

"예수께서 베드로의 집에 들어가사 그의 장모가 열병으로 앓아 누운 것을 보시고 그의 손을 만지시니 열병이 떠나가고 여인이 일어나서 예수께 수종들더라"(마 8:14~15).

1. 함께 계심으로 치유하심

여기에 예수께서 스스로 행하신 치유의 기적이 있다. 베드로의 집으로 들어가면서 예수께서는 베드로의 장모가 아픈 것을 보셨다. 예수께서는 긍휼히 여기는 마음으로 손을 뻗치셔서 치유의 접촉을 하셨다. **우리는 이 이야기를 통해서 예수를 우리 집에 모시고 사는 것은 '치유의 임재'(치유하시는 분)와 함께 사는 것이라는 생각을 할 수 있다.** 가족의 가치가 하락되고 있는 사회에서, 교회와 모든 그리스도인들은 반드시 사회의 영속을 위해 하나님께서 제정하신 가정을 보호해야만 한다. 예수께서 한결같은 손님으로 계셔 가족의 일원이 되신다는 것은 얼마나 큰 축복인가!

2. 만지심(touch)으로 치유하심

예수께서 베드로의 장모의 손을 만짐으로써 그녀를 치료하신 것은 주목할 만한 일이다. 그녀는 즉시 일어났고 수종을 들기 시작했다. 섬기는 사람들에게 손은 가장 중요하다. 예수님은 그녀의 건강을 회복시켰을 뿐만 아니라 그녀의 가장 큰 능력이고 가장 큰 즐거움인 섬길 수 있는 능력을 회복시켜 주셨다.

우리의 삶에 있어서 남을 섬기는 것보다 현세나 내세에 있어서 더 큰 상급을 가져오는 것은 없다. 또 다른 이야기에서, 한 여인은 예수를 만짐으로 치유받았다. 야고보서 5장에서는 장로들이 병든 자에게 손을 얹은즉 낫게 될 것이라고 하였다. 이러한 만짐에는 반드시 믿음이 있어야 한다. 처음의 두 이야기에서 병자들은 예수의 말씀에 의해 먼 곳에서 치유를 받았다. 치유에 이르는 많은 길이 있지만 믿음이 가장 기본적인 요소이다.

- 여기에서 중점을 둔 치유의 전달의 의미는 무엇인가?

- 베드로의 집에서 예수께서 주도권을 가지시고 먼저 치유해 주셨는데, 여기에서 우리가 생각할 수 있는 원리는 무엇인가?

귀신 들린 자의 치유

1. 귀신의 실체

귀신 들림에 대한 문제는 다루기를 꺼려하는 주제이다. 어떤 사람들은 때때로 악령의 존재조차도 부정한다. 그러나 예수님은 그것들의 존재를 믿었고, 그것들로부터 괴로움을 받는 많은 사람들을 고쳐 주셨다. 어떤 사람들은 예수께서 그 당시의 사람들이 갖고 있던 믿음(신념)에 맞추어 말씀을 하신 것이라고 말하기도 한다. 그러나 예수님은 진리를 계시하러 오셨으며, 그분은 진리 그 자체이시다. 더구나 만약 성경이 모든 세대를 위한 하나님의 말씀이라면, 예수님은 미신을 영속시키셔서 수세기 동안 읽게 하지는 않으셨을 것이다.

우리의 세대에는 마술적인 가르침 같은 것이 전세계를 휩쓸고 있는 바, 사탄의 존재에 대한 예수의 가르침을 부정할 수 없는 시대이다. 이 시대에는 악의 출현이 눈에 띄게 증가하고 있는데, 이것은 악령의 활동이라고밖에 설명할 수 없다.

예수님은 사탄과 악령에 대하여 말씀하셨다. 예수님은 그의 제자들에게 귀신을 이기는 권세를 주신 후 그들을 내보내셨다. 그들은 귀신들이 예수의 이름으로 그들에게 복종하는 것을 보고 기뻐하면서 돌아왔다. 4복음서 모두 축출의 이야기를 담고 있다. 마태복음 8장 28~34절의 이야기를 읽어보라.

2. 귀신으로부터의 놓임

귀신 들린 사람들은 매우 난폭하여 일반 사람들은 그들의 거주지를 피하였다. 예수께서 지나가실 때 귀신들은 모든 만물에 대한 그의 주권을 알아차리고 부르짖었다. 그들은 예수께서 그들을 사람들로부터 축출할까봐 두려워하였다. 사람의 육체로부터의 이탈을 몹시 꺼리는 그들은 돼지 떼 속으로 들어갈 것을 요구했다. 본문에서는 예수께서 귀신들을 돼지에게로 쫓아냈다고 말하지 않는다. 다만 예수님은 귀신들이 잡고 있는 희생된 사람들을 놓아 주었고, 그들이 갈 수 있는 곳에 가도록 내버려 두셨을 뿐이다. 그리고 귀신은 돼지를 택했다.

이렇게 해서 귀신에게서 놓임받은 그 사람은 예수님을 따를 것을 허락해 달라고 요청했다. 예수님은 그에게 그의 마을로 돌아가 귀신의 지배로부터 벗어나게 된 이야기를 하며 복음을 전파할 것을 명령하셨다. 그는 매우 성공적으로 그 일을 하여 많은 사람들이 그의 증거로 예수님의 사랑과 능력을 받아들였다.

이 이야기가 주는 교훈은 이것이다. 교회는 반드시 기도의 무기를 가지고 사탄의 압박에 대항하는 영적인 전쟁을 위해 새롭게 재헌신되어야 한다는 것이다. 만약 수천 명이 악령으로부터 해방될 수 있고 악령의 영향에서 벗어날 수 있다면 놀라운 영적 부흥이 일어나게 될 것이다!

- 예수께서 어떠한 방법(절차)으로 귀신의 항의를 다루시고 귀신 들린 사람을 풀어 주셨는가 살펴보라.

죽은 자를 일으키신 예수님

- 마태복음 9장은 회당장인 야이로의 딸을 살려 준 이야기이다. 마태복음 9장 18절, 23~26절을 읽고 중요한 부분들을 요약해 보라.

---

1. 본문에 대한 의문들

마가복음과 누가복음의 이야기에 따르면, 아버지는 그의 딸이 죽었다고 말한다. 거기에는 실제로 이의가 전혀 없다. 회당장이 그의 집을 떠났을 때 그 딸은 죽어 있었다. 야이로(마태는 그의 이름을 언급하지 않았다)는 예수께 그 상태를 다 설명했다. 야이로의 집으로 가던 도중, 예수님은 그의 옷자락을 만진 여인을 치유함으로 지체하셨다(마 9:19~22).

예수께서 회당장의 집에 도착했을 때 그의 딸은 이미 죽어 있었다. 예수님은 그의 가족들에게 "이 소녀가 죽은 것이 아니라 잔다"고 말씀하셨다. 예수님은 죽은 나사로 앞에서도 마리아와 마르다에게 똑같이 말씀하셨다. 다시 말해서, 소녀가 죽었다는 것은 의심할 바가 없다. 단순한 혼수상태가 아니었다. 성경의 여러 곳에 예수 안에 있는 사람들의 죽음은 잠자는 것으로 은유적으로 표현되어 있다(고전 15:15; 살전 4:14). 마가와 누가는 예수께서 그녀를 위해 기도했을 때 "그 영이 돌아왔다"고 설명하고 있다.

2. 죽음에 대한 결정적인 예수의 통치권

예수님은 여러 번 죽은 자를 살리셨다. 나사로(요 11장)와 나인성 과부의 아들(눅 7장)과 야이로의 딸이 살아났다. 베드로도 죽었던 도르가를 다시 살렸다(행 9:36~42). 바울도 여행 중에 그의 긴 설교를 듣다가 창문에서 떨어져 죽었던 유두고를 다시 살렸다(행 20:7~12). 바울 자신은 루스드라에서 돌에 맞은 후 죽은 줄 알고 버림당한 후 그의 믿음의 동역자들의 기도를 통해 분명히 일으킴을 받았다(행 14:19~20).

그리스도께서 죽은 사람들을 다시 살리시는 경우에 그들은 단지 생명으로의 회복이지 완전한 부활은 아니고, 또한 이 사람들에게도 그들이 떠났던 삶으로 다시 돌아왔다는 것 이외에 다른 징후(indication)는 없다. 다른 말로, 그들은 영원히 살지 않았다. 그들도 결국 자연적인 죽음으로 죽었다.

바울은 우리에게 그리스도는 "잠자는 자들의 첫 열매"(고전 15:20)라고 표현하고 있다. 그리스도는 죽음의 권세가 인간의 기관이나 가족, 비즈니스, 또는 몸에 고통을 가져다주는 모든 상황을 다 주장하신다. 이러한 기적들은 그리스도께서 그러한 모든 상황들을 주장하시는 최고의 분임을 잘 보여주고 있다.

죽은 자를 일으키는 이야기는 죽음으로부터 살아나신 예수 자신이 영생을 주는 생명의 왕자(the Prince of life)임을 우리에게 증거하고 있다. 비록 위에 언급된 사람들은 결국 자연적인 죽음으로 죽었지만 부활하신 예수님은 결코 죽지 않으신다. 그러므로 다시 사는 것에 대해 조금도 의심하지 말자. 왜냐하면 우리는 이미 천국에 그리스도와 함께 자리를 같이 했기 때문이다(엡 2:1~7).

- 이 연구를 통해 우리는 어떠한 약속을 받을 수 있는가?

- 죽었다가 살아난 사람의 간증을 들어 본 적이 있는가? 만약 있

다면, 당신은 그것을 믿거나 믿지 않았을 텐데, 그 이유는 무엇이었는가?

적용

마태복음 15장 22~28절을 읽으라. 예수께서 처음에 반응하지 않으셨던 사실에 주목하여(왜냐하면 그는 아직 이방인들에게 사역하지 않았기 때문이다) 다음 물음에 답하라.

- 지속성(persistence)에 대해 우리가 배울 수 있는 것은 무엇인가?

- 예수님의 마음속에 충만했던 동정심에 대해 어떻게 생각하는가?

- 예수님으로 하여금 응답을 하게 만든 것은 무엇이었는가?

- 믿음을 통해서 귀신을 내어 쫓는 것이 얼마나 어려운가?

예수님의 치유의 기적에 대한 연구를 통해 우리는 그의 사랑과 능력이 항상 변함이 없으며, 그것을 필요로 하는 모든 사람들에게 허락해 주신다는 것에 대한 믿음이 더욱 강해져야 한다.

제 11 장

사도행전에 나타난 치유들

(행 3:3~9)

로이스(Lois)는 다른 아이들의 비열한 맹공을 잘 참는 눈이 작고 빛나는 다섯 살배기 아이였다. 그의 부모는 금세기 초 오순절의 복음전도자들이었다. 건전한 마음을 소유하고 성경 중심적이며, 그리스도를 높이는 신앙인들로 후대에 알려진 이 신앙의 선구자들을 비난하는 조소와 경멸은 특별한 것이 아니었다.

어느 날 이웃의 한 사내아이가 실수로 뒤로 밀치는 바람에 로이스는 세탁물이 들어 있는 끓는 물통 속에 빠지고 말았다. 의도된 사고가 아니었다. 로이스가 고통 가운데 소리를 쳤고, 그녀의 부모를 대접하고 있던 여자 집주인은 끓는 통에서 그녀를 건져냈다. 그녀의 친척들과 집주인은 로이스의 주변에 모여 그녀의 치유를 위해 합심기도하기 시작하였다. 그들 중 어떤 사람들은 여러 날 동안 금식하며 기도하였다. 왜냐하면 그들이 병원으로 가기에는 시내로부터 멀리 떨어진 시골에 살고 있었기 때문이다.

이 작은 아이의 몸은 온통 물집으로 덮였는데, 그녀를 지켜보았던 사람들 중 어떤 사람은 그녀의 물집 중에 한 컵의 물이 고여 있을 만큼 큰 것도 있었다고 말했다. 많은 이웃사람들은 비록 시내와 거리가 멀리 떨어져 있었고, 그 지역에 익숙치 않았으며, 현대 화상 치료 장비들이 당시에 잘 알려지지 않았던 것이 사실이기도 하지만, 그래도 병원이나 의사에게 그녀를 데려가는 방법을 찾지 않았다고 복음주의자들을 비난했다. 어떤 사람들은 그녀가 결코 다시 걸을 수 없을 것이라고 생각하기도 하고, 다른 이들은 "그녀는 인생에 대해 겁을 먹을 것이다"라고 말하기도 하였다. 정상적인 환경이었다면 의사의 도움을 받았어야 했다. 그러나 이미 주사위는 던져졌다. 그래서 가족들은 그녀를 잘 보살피면서 기도를 했다.

약 일주일 후에 작은 로이스가 깨어났는데, 이 아이의 심장이 그 누구도 가질 수 없는 마르지 않는 샘과 같은 믿음과 함께 소생했다. 그녀는 "나는 예수의 이름으로 걸을 거야"라고 말하면서 침대에서 일어나 걷기 시작했고, 그 순간에 놀랍게도 하나의 흉터도 없이 끔찍한 화상으로부터 완전히 회복되어 건강을 되찾았다. 치유의 소식은 넓게 퍼져 수많은 사람들이 그 치유를 듣고 그 복음주의자들에게 와서 그리스도를 영접하였다.

이 에피소드는 실화이다. 그녀는 나의 아내로 지금 80세가 넘었으나 건강한 몸으로 계속 하나님의 은혜와 사랑을 증거하고 있다.

사도행전에 나타난 치유의 기적들을 다룸에 있어서 이러한 이야기를 먼저 한 이유는, 사도행전은 오늘날도 계속되고 있는 성취된 약속의 시작에 지나지 않는다는 것을 말하기 위해서이다. 우리는 그것을 깨닫고 연구를 해야만 한다. 이 약속은 그리스도께서 주셨다.

"믿는 자들에게는 이런 표적이 따르리니……병든 사람에게 손을 얹은즉 나으리라…… 제자들이 나가 두루 전파할새 주께서 함께 역사하사 그 따르는 표적으로 말씀을 확실히 증거하시니라"(막 16:17~20).

용어 설명

확실히(confirming). 헬라어로는 베바이우(bebaioo). '견고케 하다', '확립하다', '안전하게 하다', '확증하다', '보증하다'. 제자들이 설교할 때 나타났던 기적들로 사람들은 그들이 진리를 말하고 있으며, 하나님께서 그들의 메시지를 초자연적인 현상으로 지원하고 있으며, 새로운 시대 즉 은혜의 시대가 세상에 도래되었다는 사실에 대하여 확신을 가질 수 있었다.[22]

22) Ibid., 1502, "Word Wealth: 16:20 confirming."

보충 설명

많은 학자들은 마가복음 16장 9~20절의 진정성에 의문을 갖고 있다. 가장 큰 이유는 최초의 필사본에 이 구절들이 빠져 있고, 문체가 마가복음의 나머지 부분과 다르기 때문이다. 그러나 순교자 저스틴(Justin Martyr), 이레네우스(Irenaeus), 그리고 타티안(Tatian) 같은 2세기의 집필자들이 이 구절들의 삽입을 입증하고 있으며, 라틴어, 시리아어, 콥틱어로 된 가장 초기의 번역본들 모두가 이 부분을 포함하고 있다. 어떤 경우든지 간에 이 구절은 성령의 은사의 활용에 대한 초대 교회의 경험과 기대를 반영하고 있다. 그러나 이 구절의 진정성 여부에 대해서는 알 수 없다.[23]

사도행전은 예수의 약속을 확신시켜 주는 기적의 행진이다! 오순절날 성령이 임한 사건이 기록된 다음에(행 2장), "사람마다 두려워하는데 사도들로 인하여(사도들을 통하여) 기사와 표적이 많이 나타나니"(행 2:43)라는 말씀이 나온다. '사도들에 의하여'(by the apostles)가 아니고 '사도들을 통하여'(through the apostles)를 강조하는 헬라어의 전치사에 우리는 주목해야 한다(즉 huper가 아니고 dia가 사용되었다). 곧 이어서 사도행전 3장에서는 성전 미문에서 구걸하던 앉은뱅이가 일어나 걷게 된 치유 사건이 기록되고 있다. 이러한 치유의 기적은 사도행전 4장에서 계속 언급되고 있다.

23) Ibid., 1501–1502, note on 16:9–20.

사도행전 5장으로부터 나오는 기적과 치유의 사건들은 대강 다음과 같이 네 부분으로 나눌 수 있다. 첫째 무리들 가운데 나타난 치유, 둘째 빌립을 통해 나타난 치유, 셋째 베드로를 통해 나타난 치유, 넷째 바울을 통해 나타난 치유이다.

무리 가운데 나타난 치유들

성전 미문에서의 치유 사건에 대하여 바리새인들은 사도들을 공격하였다. 사도들은 통치자들에 의해 엄중한 경고와 위협을 받았다. 이런 일이 있은 후 교회는 다 함께 모여 담대함을 얻기 위하여 그리고 치유가 뒤따르는 성령의 임재를 위하여 기도했다. 하나님은 그들의 기도에 대해 사도행전 5장 12~16절에서 볼 수 있는 것처럼 놀랍게 응답하셨다. 이 구절을 읽고 다음의 질문에 답하라.

- 이곳의 영적인 분위기는 어떠했는가?

- 어떤 유형의 기적들이 일어났는가?

- 사람들의 반응은 어떠했는가?

• 어떠한 특이한 형태의 기적이 일어났는가?

• 어떠한 복음적인 결과가 일어났는가?

교회와 사람들의 믿음이 상당히 깊어졌다. 그래서 실제적으로 모든 병든 자가 치유되었다. 본문은 베드로의 그림자가 사도들의 치유의 기술이었다고 말하지 않는다. 하나님의 권능은 베드로가 손을 얹었든지 얹지 않았든지 간에 관계없이 사람들이 그들 자신이 치유받을 것이라고 얼마나 믿었느냐의 정도에 따라 나타났다. 우리 시대의 많은 사람들도 자리에 앉아 말씀을 듣던 중 즉각적으로 치유되었다고 증거한다.

성경은 기도의 응답을 받는 아주 많은 방법들을 제시하고 있다. 그러나 가장 중요한 것은 '믿음'이라는 사실을 기억해야 한다. 한마음으로 서로 손을 잡거나, 안수를 하거나, 기름을 바르거나, 손수건에 기름을 붓거나 하는 행위들은 우리로 하여금 믿음을 갖게 하는 데 도움을 준다. 그와 같은 외적인 행동들에 대해 지나치게 신뢰를 해서는 안 된다. 하지만 그러한 것들이 믿음을 돕는다면, 그러한 방법들을 사용하는 것이 나쁘지는 않을 것이다. 그러나 그러한 방법들을 사용하되, 위대한 의사이신 주님을 우리는 항상 바라보아야 한다.

- 기도의 응답을 받는 데 필요한 믿음에 도움을 주는 방법들 가운데 당신이 발견한 것들을 말해 보라.

- 성경의 이야기들 가운데 치유를 받거나 기도의 응답을 받게 하는 데 도움을 준 행동들을 발견할 수 있는 곳은 어디인가?(이 문제에 답한 후에 왕하 4:3, 20:7; 막 2:4; 행 19:2; 약 5:14~16을 살펴보라)

빌립의 사역을 통한 치유

초대 교회의 집사들은 믿음과 지혜가 충만한 사람들 중에서 선택되었다. 그들 중 두 명은 치유의 사역을 하였다. 스데반은 그의 담대한 믿음으로 순교하였고, 빌립은 하나님께 크게 영광을 돌린 복음 전파의 사역자가 되었다. 사도행전 8장 5~8절에는 사마리아에서의 빌립의 사역을 묘사하고 있다. 그 구절을 읽고 다음 물음에 답하라.

- 사마리아에서 사역했다고 하는 사실을 통해 당신은 어떤 중요한 의미를 발견할 수 있는가?(눅 9:51~56, 10:25~27; 요 4:1~30을 비교하라.)

• 어떤 종류의 기적이 일어났는가?

• 신앙 부흥이 사회에 어떤 영향을 미쳤는가?

빌립의 치유 사역에서 두 가지 종류의 치유가 특별하게 언급되고 있다. 많은 사람들이 악령으로부터 해방되었다. 귀신 들림은 이방숭배가 편만한 곳에서 흔히 볼 수 있는 현상이다. 오늘날도 거짓되고 마술적인 종교들이 세력을 떨치고 있는 지역에서 이러한 현상이 많이 나타난다.

스리랑카의 선교사들에 따르면, 그리스도께 나오는 거의 모든 사람들은 악령으로부터 놓임을 받아야 한다고 한다. 콜롬비아의 선교사들도 같은 사실을 말하고 있다. 오늘날 미국에서 악의 증가와 함께 귀신의 속박과 압박은 증가하고 있다. 다음의 구절들에 나타나는 귀신에 대한 복음의 권능을 묘사하라.

• 마태복음 10:1

• 마태복음 12:28

• 마가복음 1:21~25

빌립이 사마리아에서 치유 사역을 하는 가운데 많은 절름발이와 중풍병자들이 고침을 받았다. 중풍이 그 지역에 많이 있었던 질병인지, 아니면 빌립이 중풍병자를 위해 기도하는 특별한 믿음을 갖고 있었는지는 분명하지 않다. 중풍병자 한 사람을 고치는 것이 내적인 질병을 치유하는 것보다 더 많은 관심을 끌었을 것이다. 그 치유들은 큰 군중을 끌었으며 많은 사람들이 그리스도를 영접 했다.

사마리아인들에 대한 빌립의 사역은 유대주의로부터 전세계로 복음이 퍼져 나가는 데 있어서 중요한 역할을 했다. 왜냐하면 사마리아인들은 유대인과 이방인의 피가 섞인 인종이있기 때문이다. 빌립의 성공은 예수께서 사마리아에서 심었던 씨의 확산이었고, 하나님의 사랑을 통하여 인종적인 불화를 뛰어넘은 증거였다.

베드로의 사역을 통한 치유

예수께서는 제자들에게 성령의 권능을 주셔서 그들로 하여금 단계적으로 온 세상에 복음을 증거하도록 하시겠다고 약속하셨다. "오직 성령이 너희에게 임하시면 너희가 권능을 받고 예루살렘과 온 유대와 사마리아와 땅 끝까지 이르러 내 증인이 되리라"(행 1:8). 사도들은 예루살렘에 근거지를 세웠으며, 빌립은 사마리아를 복음화시켰다. 그리고 복음이 이방인들에게까지 확장되어야 할 때가 왔다. 박해는 사도들이 예루살렘을 떠나 로마 지역을 향해 나가도록 하였으며, 머지않아 하나님은 다소의 사울을 이방인들의 사도로 변화시킬 것이었다. 그러나 베드로가 로마인들에게 처음으로 나아간 하나님의 도구가 될 것이었다. 룻다와 욥바에서 머무른 베드로는 가이사랴에 있는 고넬료라는 로마인의 집으로 인도되었다.

1. 룻다에서의 치유

베드로는 룻다에 있는 동안 그리스도가 필요한 한 중풍병자를 발견하였다(행 9:33~35).

• 무슨 일이 일어났는지 설명하라.

애니아는 룻다(현재의 Lod)에서 고통을 받는 사람으로 잘 알려져 있었다. 그의 치유와 함께 복음의 소식은 멀리 퍼졌다. 누가는 하나님께서 (치유의 기적을 통하여) 룻다와 샤론 지방에 복음의 문을 열어 놓으셨는데, 이를 통해 그곳의 모든 사람들이 다 회심했다고 기록하고 있다.

치유의 기적은 복음의 시대를 열었다. 어떤 사람들은 치유의 기적이 복음의 문을 열기 위해 주어진 것임을 지적하면서, 치유의 기적은 단지 그리스도의 신성과 복음의 유효성을 입증하기 위한 것이라고 주장한다. 그들은 치유가 사도 시대에만 주어진 것으로, 그 이후로는 기적이 필요치 않게 되었다고 주장한다. 그러나 복음은 아직 전세계에 전파되지 않았다. 그러므로 닫혀 있는 문을 열기 위하여 초자연적인 성령의 역사는 아직도 필요하다.

그러나 한편으로 치유를 자세히 연구해 보면, 많은 경우 치유가 '복음의 시대를 여는 것'과 아무런 관계도 없음을 발견하게 된다. 즉 많은 치유들이 주님의 자비와 긍휼의 표현에 지나지 않는다는 사실을 발견하게 된다. 예수님의 치유 이적을 설명하고 있는 본문들을 잘 살펴보면 많은 곳에서 예수께서 '불쌍히 여기사' 치유의 이적을 행하셨음을 볼 수 있다. 그러므로 우리는 다음과 같은 확신을 가질 수 있다.

사도 시대가 끝남과 동시에 예수님의 자비와 동정의 물줄기도 함께 끊어진 것이 아니다. 사실 성경에는 '사도 시대'란 말이 한 번도 나오지 않았다. 예수께서 "믿는 자들에게는 이런 표적들이 따르리니"라고 말씀하시면서 "사도들이 죽을 때까지"만 그런 일이 일어나게 될 것이라고 단서를 붙이셨는가? 아니다. 말씀을 믿고 또 예수가 동일하다는 것을 믿는 설교자가 있는 한 치유의 기적은 계속 나타난다.

치유의 기적은 문을 열고자 하는 사람들과 그리스도의 동정심을 함께 나누는 사람에게 그리고 사도 야고보의 권고대로 손을 얹고 병 낫기를 위하여 기도하는 사람들에게 나타난다.

'치유 목회의 동기가 되는 불쌍히 여김' 에 대하여 깊이 생각해 보라. '기적' 과 '기사' 하면 우리는 먼저 '권능', '흥분', '복음 전파' 를 생각하게 되는데, 동정(또는 불쌍히 여김)의 사역에 대해서도 깊이 생각해 볼 필요가 있다.

• 당신은 이에 대하여 어떻게 생각하는가?

---

2. 욥바에서의 치유(행 9:36~43)

베드로가 룻다에서 사역하고 있을 때, 그로 인해 모든 사람들이 다 그리스도를 영접하였다. 그때 베드로는 욥바에 와서 죽은 여인을 위해 기도해 달라는 요청을 받았다.

그녀의 이름은 도르가였는데, '가젤' (Gazelle, 양의 일종)이라는 뜻이다. 그녀는 아주 활동적이고 또 우아했기 때문에 그런 이름을 갖게 된 것 같다. 도르가(히브리식 이름은 다비다)는 그녀가 사는 지역의 과부들을 위해 옷을 만들며 끊임없이 일을 하였다. 그녀는 자연스럽게 모든 사람들로부터 사랑을 받아 왔다. 과로로 인해 그녀가 죽었을 때 전체 공동체는 애통해하였을 것이다. 룻다에서 일어난 베드로의 치유 기적을 듣고, 그들은 도르가를 위해 기도하러 욥바로 올 것을 베드로에게 간청하였다.

베드로는 그 부름에 응했다. 그가 도착하였을 때, 도르가의 집에는 자기들을 위해서 헌신하던 도르가를 잃고 슬퍼하는 과부들로 가득 차 있었다. 도르가는 그들을 사랑하였고, 그들은 그 사랑에 보답하였다. 베드로는 사람들을 방에서 다 내보내고 믿음으로 기도했다. 그리고 "다비다야 일어나라"라고 말하면서 그녀의 손을 잡아 일으켰다. 그리고 다시 살아나게 된 그녀를 모든 사람들 앞에 보였다. 욥바의 과부들에게 얼마나 훌륭한 선물인가! 치유의 기적, 정확하게 생명의 회복의 결과로 욥바의 많은 사람들이 샤론과 룻다에 있는 경건한 기독교인들과 합류하게 되었다.

베드로가 욥바에서 머무는 동안 그는 로마의 백부장인 고넬료의 집에 초청을 받게 된다. 그리고 고넬료는 이방인 중 최초로 구세주이신 예수에 대하여 알게 된다. 여기에서 일어난 일은 복음의 메시지에 대한 예수님의 계획이 이루어짐을 보여주고 있다.

- 사도행전 9장 36~43절과 다음 구절의 공통점은 무엇인가?

  누가복음 7:11~17

  누가복음 8:48~56

  요한복음 11:38~44

바울의 사역에 있어서의 치유

베드로가 가이사랴 부근에서 사역하고 있는 동안, 다소의 사울은 기적적으로 회심하였다. 하나님의 섭리는 그를 이미 희어져 추수할 때가 된 로마 제국을 추수하기 위한 도구로 만들고 계셨다. 사울은 회심한 후(행 9:1~31) 영적인 수련을 위해 아라비아에 갔고, 교회 지도자들로부터 교제의 손길을 받았으며, 그 이후에 사울은 선교 본부인 안디옥에서 바나바와 합류하여 로마와 더 먼 곳까지 복음을 전하였다(행 11:19~30, 12:25~13:3).

1. 구브로(Cyprus)에서의 치유

먼저 바울과 바나바는 구브로에서 사역하였는데, 그곳에서 그들은 그곳에서 일어나고 있었던 기적과 정반대의 기적을 행하였다. 엘루마라 이름하는 박수는 총독 서기오 바울의 마음을 매수하려고 노력하였다. 바울이 성령께 이끌려 그 무당을 꾸짖었고, 그 결과로 그는 갑자기 장님이 되었다. 총독은 사탄의 대리자에 대한 신의 심판을 보았고 온 마음을 다해 주님을 받아들였다.

- 사도행전 13장 4~12절을 읽으라. 이 권능의 사역을 읽고 당신이 가장 감명받은 것은 무엇인가?

---

2. 이고니온에서의 치유

그 다음에 바울과 바나바는 이고니온과 비시디아 안디옥에서 복음을 전했다(행 13:13~14:6). 또 하나님께서 그곳에 있는 사람들의 흥미를 이끌기 위하여 '기사' 들을 일으켜 주시고, 주님의 선하심과 자비를 그들에게 보여 주기 위해 '표적들'을 허락해 주셨으며, 바울은 이고니온에서 오랫동안 머물렀다. 그들은 유대인과 이방인 중의 많은 영혼들을 그리스도께로 이끌 수 있었다. 그러나 유대인들과 믿지 않는 도시의 지도자들에 의한 박해로 인하여 사도들은 돌로 치는 것을 피해 루스드라로 도망가야 했다.

사도행전 14장 1~7절을 읽고, "자기(그분의) 은혜의 말씀을 증거하시니"(3절)라는 말씀의 빛 안에서 우리를 치유하시는 하나님의 은혜와 죄로부터 구원하시는 은혜를 서로 비교해 보라.

----

3. 루스드라에서의 치유

바울을 통해 나타난 치유의 역사 가운데 첫 번째 구체적인 기록이 사도행전 14장 8~20절에 나오고 있다. 루스드라에서 행한 이 치유의 사건에 대해 읽고 다음에 답하라.

- 치유된 병은 무엇인가?

- 무엇이 바울로 하여금 그 사람의 건강에 관심을 갖게 하였는가?

- 그 사람의 믿음에 동기가 된 것은 무엇인가?

- 군중들의 반응은 어떠했으며, 사도들은 그러한 반응에 대하여 어떻게 대했는가?

- 이 이야기의 결론을 두 가지로 말해 보라.

루스드라에서 치유된 사람은 전혀 걸어 본 적이 없는 앉은뱅이였다. 이 기적은 루스드라가 복음에 대해 문을 열도록 하기 위함이었다. 또한 이 기적은 그 도시에서 잘 알려진 사람에게 나타나 누구나 기적에 대해 알 수가 있었다. 바울이 그를 보았을 때, 하나님께서 그 앉은뱅이가 믿는 믿음을 가졌다는 증거를 사도에게 주셨다.

바울이 그에게 "네 발로 똑바로 일어서라"고 명령하였을 때 앉은뱅이가 그의 발로 처음으로 일어나 뛰었다. 이것을 목격한 군중들의 반응은 열광적이었다. 루스드라의 이방인들은 바울과 바나바가 땅으로 내려온 제우스와 허르메스(로마 신화에서는 주피터와 머큐리)라고 생각하였고 그들에게 제사드리기 시작했다. 사도들은 그들을 저지하기 위해 애를 썼다. 이런 기적에도 불구하고, 믿음에 반대하는 유대인들과 다른 사람들은 바울을 돌로 친 후 그를 버렸다 (비시디아의 안디옥, 이고니온, 루스드라와 더베의 기독교 그룹들은 바울이 편지를 써서 보낸 바 있는 갈라디아 교회들이다. 그들의 동요는 갈라디아서에 자세히 기록되어 있다).

4. 빌립보에서의 치유

그 다음 바울의 치유 기적은 유럽의 빌립보에서 일어났다. 바울이 한 무법자가 자신의 경제적인 이득을 얻기 위해 이용하고 있는 점치는 소녀를 해방시킴으로 바울과 실라는 빌립보 감옥에 들어가게 되었다. 사도행전 16장 16~34절을 읽고 다음 물음에 답하라.

- 귀신 들린 소녀에 대한 바울의 초기와 후기의 반응을 설명하라.

- 그 소녀가 왜 소리쳤겠는가? 다시 말해 귀신의 목적이 무엇이었겠는가 생각해 보라.

• 그 소녀를 귀신에게서 벗어나게 하는 데 있어서 일어난 다섯 가지 중요한 사건들은 무엇인가?

바울은 여러 날 동안을 그의 사역에 대한 소녀의 예언으로 무척 괴로워하였다. 사탄은 소녀를 사용하여 사람들이 사도 바울이 점치는 것과 관계가 있다고 생각하게 함으로써 바울을 불신하도록 하였다. 만약 사탄이 우리를 패배시킬 수 없다면, 그는 우리에게 자신의 인(표)을 찍어 놓으려고 애를 쓸 것이다. 그 패배한 착취자는 사도들을 감옥에 넣었지만 하나님은 그들을 탈출시키셨다. 그리고 한 귀족의 가정이 그리스도께 인도되었다.

옥에 갇혀 있는 사람들은 대개 낙담하지만, 바울과 실라는 오히려 찬양을 함으로 차꼬가 열렸다. 만약 당신의 찬양이 그치지 않는다면, 세상은 당신을 결코 패배시키지 못할 것이다(엡 5:18~19).

5. 에베소에서의 치유

바울의 가장 큰 치유 사역은 에베소에서 행해졌다.

"하나님이 바울의 손으로 희한한 능(기적)을 행하게 하시니 심지어 사람들이 바울의 몸에서 손수건이나 앞치마를 가져다가 병든 사람에게 얹으면 그 병이 떠나고 악귀도 나가더라"(행 19:11~12).

오늘날에도 가끔 병든 자에게 안수한 손수건들(anointed handkerchiefs)을 보내는 경우가 있는데, 이는 바로 이 구절로부터 온 것이다. 손수건에는 치유의 힘이 없다. 그것은 단순히 믿음을 돕는 것이며 접촉점이다. 안수된 천은 그것을 보내는 자와 받는 자의 믿음을 더해 줄 수 있다. 또한 그 믿음은 이 천에 안수한 목회자(elder)에 의하여 강화될 수도 있다. 그것은 예수의 이름으로 두세 사람이 한마음이 되는 것과 같다. 마음이 하나가 되어 믿을 때 하나님은 그것을 귀하게 여기신다.

바울이 에베소에서 사역하는 가운데 병든 자와 고통당하는 자가 치유되었을 뿐 아니라 귀신들도 축출되었다. 에베소는 다이아나(Diana)를 섬길 뿐 아니라 모든 형태의 제의가 행해지던 이방 종교의 중심지였다. 이 무당들의 집회를 통해 사탄에게 접근하는 수많은 사람들이 악령에 의해 고통을 받거나 귀신 들려 있었다. 악령의 축출은 바울의 광범위한 사역의 한 부분이었다.

- 사도행전 19장 1~28절을 보라. 특별히 17~20절과 23~28절을 주목하고, 에베소에서의 바울의 사역과 군중들의 일반적인 반응에 대해 평가해 보라. 그리고 그것을 오늘날 복음의 능력에 대한 일반 대중의 반응과 비교해 보라.

에베소에서 있었던 바울의 치유 사역 대부분을 '놀라운 기적들'이라는 용어로 묘사하고 있다. 이 기적들은 그 수와 결과에 있어서 놀라운 것이었다. 에베소 사람들에 대한 바울의 사역은 그에게 가장 성공적이고 오래 지속된 사역이었다. 2년이 조금 넘는 기간 동안에 복음은 아시아로 알려진 대부분의 지역에 전해지게 되었다(행 19:10). 에베소의 기독교 공동체는 상당히 컸다. 그래서 많은 기독교인들의 가정이 예배와 모임의 장소로 사용되어야 했다.

- 성구사전을 사용하여 귀신의 축출과 관련된 성경구절이 얼마나 되는가 알아 보라.

- 사탄의 힘의 파괴를 위해 에베소서 6장 10~20절에서 당신은 어떤 도움을 발견할 수 있는가?

6. 멜리데에서의 치유

가이사랴에서 격노한 유대인들을 피하여 로마 시민권을 가진 바울은 가이사에게 진정했다. 아그립바 왕 앞에서 그는 기적적인 회심과 계시를 통해 보여주신 그의 삶을 향하신 하나님의 목적을 자세히 설명하였다(행 26:15~19).

바울은 로마인들에게 편지를 쓰기 전에 자신이 로마에서 사역할 것임을 강하게 확신하고 있었다(롬 1:15). 그렇기 때문에 사도행전 19장 21절에서 그는 "로마도 보아야 하리라"고 말하였다. 바울이 아직 예루살렘에 있는 동안 유대의 공회에 의해 붙들렸는데, 하나님은 바울에게 다음과 같이 말씀하셨다. "담대하라 네가 예루살렘에서 나의 일을 증거한 것같이 로마에서도 증거하여야 하리라"(행 23:11).

사도행전 27~28장은 로마까지의 바울의 여행에 대해 설명하고 있다. 전에도 파선하여 고통을 당한 적이 있는(고후 11:25) 사도 바울은 로마로 가면서 가장 무서운 폭풍으로 배가 난파되는 것을 경험해야만 했다. 그는 다른 사람들과 함께 구조되었고, 멜리데 섬 해변에 상륙했다.

"토인들이 우리에게 특별한 동정을 하여 비가 오고 날이 차매 불을 피워 우리를 다 영접하더라"(행 28:2). 헬라어로 '토인들'(natives)이라는 단어는 '야만스런'(barbarous)이란 뜻을 갖고 있다. 헬라인들은 헬라어나 라틴어를 하지 않는 모든 사람을 야만인이라고 불렀다. 사실 멜리데인들은 원래 문명화된 페니키아인(Phoenician)들이었다. 그러나 그들은 전혀 복음을 들어보지 못했다. 그들은 호의적인 사람들이었는데, '동정' 으로 번역된 단어는 헬라어로 '필란드로피안' (philanthropian)이다. 많은 액수를 구제금으로 내놓은 사람을 영어로 '필란드로피스트' (philanthropist)라고 부르는데, '인간을 사랑하는 사람' 이란 뜻이다. 멜리데 사람들은 바울과 배가 난파된 여행자들을 사랑으로 환대해 주었다.

• 사도행전 28장 1~10절을 읽고, 사람들을 놀라게 한 기적과 바울이 보블리오를 고쳐 준 사건에 대해 약술하라.

바울이 불 속에 독사를 던지다가 독사에 물렸지만 시간이 지나도 아프지 않은 것을 보고, 그들은 바울을 신으로 여겼다. 이러한 바울의 뱀에 대한 경험은 마가복음형 지상명령(Mark's form of the great commission)에 나오는 예언의 성취였다(막 16:18). "뱀을 집으며 무슨 독을 마실지라도 해를 받지 아니하며 병든 사람에게 손을 얹은즉 나으리라 하시더라."

보충 설명

멜리데에서의 바울의 치유 사역.

사도행전 28장 8~9절에 보면, 바울은 의사인 누가를 대동했음에도 불구하고 기도를 통해 병자들을 고쳤다. 이러한 사실은 현대 치유의 비평가들에게 상당히 문제가 된다. 그들은 9절에 언급된 치유들은, 누가라는 이름이 비록 언급되지는 않았지만, 사실은 누가가 의학적인 치료를 행한 것이라고 하는 주장까지 들고 나온다. 이러한 이론은 8절에 사용된 '데라퓨오'(therapeuo)라는 헬라어가 의학적인 치료를 언급하는 것이라고 하는 주장에 근거한다.

그러나 사실 이 단어는 신약성경에 34번 나온다. 32번의 실례에서 그것은 명백하게 신유와 관련되어 있고, 다른 경우들에서는 보편적으로 사용되었다. '이아오마이'(iaomai)와 '데라퓨오'(therapeuo) 모두 다 마태복음 8장 7~8절에서 같은 치유를 언급하는 것으로 사용되었다. 이로 볼 때, 이 용어들은 성경에서 구분 없이 사용되었음을 볼 수 있다.

이러한 관찰은 의학적인 치료를 반대하거나 약품이나 의료적인 도움이 잘못이라고 말하기 위한 것이 결코 아니다. 절대 그렇지 않다. 그러나 이 본문이 의학적인 치료가 기도를 대신한다고 하는 근거를 제공해 준다고 생각하는 것도 잘못된 것이다. 하나님은 믿음의 기도, 회복력 있는 자연적인 힘, 의료적 도움이나 약품, 기적 등 많은 방법을 통해 치유하신다.[24]

멜리데에서의 바울의 난파는 육체적인 고통을 경험하는 동안 하

24) Ibid., 1681, "Kingdom Dynamics: Paul's Healing Ministry in Malta."

나님의 섭리 안에서, 전에 복음화되지 않았던 사람들에게 복음을 전해 주는 기회가 되었다. 어느 곳에도 바울이나 다른 그의 동료가 멜리데에서 복음을 전했다는 언급은 없지만, 캠벨 몰간(G. Campbell Morgan)은 그의 《사도행전 강해》에서 복음은 치유의 사역을 통하여 완성되었다고 설명하고 있다. 멜리데에서 예수의 이름으로 기도한 것은 그들에게 예수가 이 세상의 구세주이시고, 영, 혼과 마음, 그리고 몸의 치료자임을 설명한 것이다.

예수 안에서 우리는 온전하게(whole) 될 수 있다. 바울의 시대부터 멜리데는 기독교화된 섬이었다. 우리가 잘 아는 것처럼 바울은 로마에 도착하여 로마 교회를 부흥시켰고, 순교자로서 그의 삶을 마쳤다. 로마에서 그는 여러 서신을 썼다. 그 서신들을 통하여 그리고 그리스도 안에서 그는 세계를 축복하였다.

우리가 신유에 대해서 알고 있는 것 가운데 대부분은 사도행전에 기록된 베드로와 스데반, 빌립, 그리고 바울의 치유 사역의 예들을 연구함으로써 배운 것이다. 우리는 사도행전과 서신서에서 치유 사역들이 끝나가고 있다는 단 한마디의 말도 발견할 수 없다. 예수 그리스도의 교회는 계속되고, 십자가 위에서 그리스도의 속죄의 죽음을 통한 모든 축복은 그가 다시 오실 때까지 계속될 것이다.

하나님! 거룩하신 성령께서 공급해 주시는 믿음 가운데 우리가 살아갈 수 있도록 도와주시옵소서!

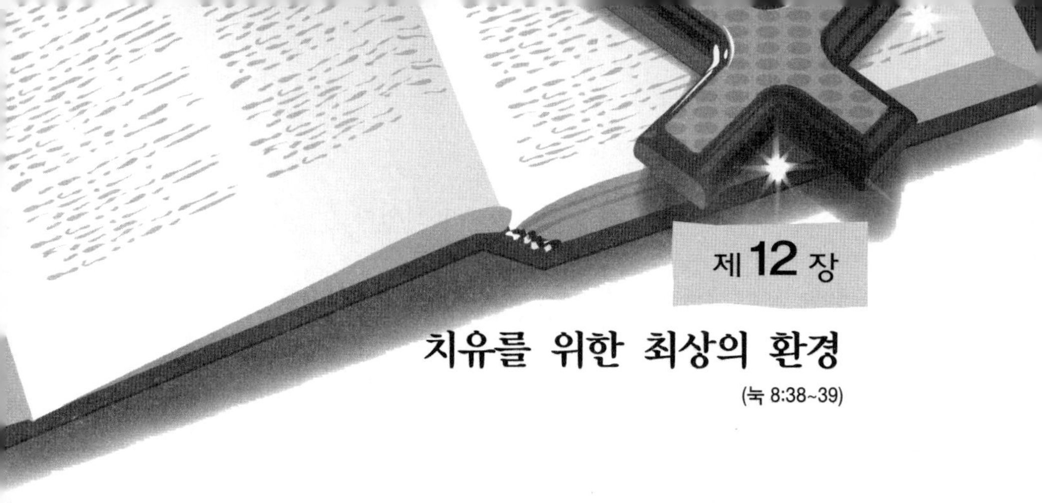

제 12 장

치유를 위한 최상의 환경

(눅 8:38~39)

하나님을 진정으로 믿는다고 하는 것은 단순히 하나님에 대한 것을 믿는 것이 아니다. 물론 하나님에 대한 진정한 믿음은 하나님께서 하실 수 있다는 믿음에서 시작되지만 말이다. 실제적인 믿음은 하나님께서 계약을 맺으시고 계약을 지키시는 분이시라고 믿는 것이다. 그리고 하나님의 언약의 약속을 향하여 정신적으로나 신체적으로 무엇인가를 하는 것이다.

- 노아는 방주를 예비하였다.
- 아브라함은 그가 어디로 가야 할지를 알지 못하고 나아갔다.
- 이삭은 다가올 것들에 대해 야곱을 축복하였다.
- 모세는 왕의 진노를 두려워하지 않고 이집트를 떠났다. 믿음

으로 그들은 홍해를 육지같이 통과하였다.

하나님의 모든 믿음의 자녀들은 하나님의 언약의 약속이 성취되기 전에 무엇인가를 하였다. 마가복음 9장 17~29절은 믿음을 개발하기 위하여 어떻게 하였는가를 잘 보여주는 한 예이다. 이 구절을 읽어보라.

보충 설명

치유를 위한 믿음 분위기를 어떻게 만들 수 있는가?

마가복음 9장 17~29절에서 예수님은 우리에게 '믿음'은 치유를 위한 기도 응답의 조건임을 말씀하고 있다. 귀신 들린 소년의 아버지는 눈물로 "내가 믿나이다"라고 대답하였다. 그리고 "나의 믿음 없는 것을 도와주소서!"라는 말을 덧붙였다. 믿음은 선물이기 때문에 우리는 이 아버지가 그랬던 것처럼 믿음을 달라고 기도할 수 있다. 하나님께서 얼마나 속히 응답하셨는가를 주목하라. 그러나 우리는 여기에서 또 하나의 교훈을 얻게 된다. 불신의 분위기에서 응답을 믿는 것은 어렵기 때문에 우리는 다른 곳을 찾아야만 한다. 예수님의 기적을 행하는 능력조차도 불신이 만연된 곳에서는 줄어들었다(마 13:58).

기도와 찬양은 하나님에 대한 믿음을 갖게 해주는 분위기를 만들어 준다. 이 본문에서 예수님은 믿음의 승리를 방해하는 또 하나의 장애물을 설명하셨다. 즉 그들의 기도가 아무 소용이 없었던 이유에 대해서 말씀하셨다. "기도 외에 다른 것으로는 이런 유가 나갈 수 없느니라"(막 9:29). 예수님의 설명은 다음과 같은 가르침을 주고 있다.

1) 어떤 괴로움(다는 아님)은 귀신으로부터 강요된 것이다.

2) 귀신 가운데는 구마사(엑소시스트, exorcist)가 내쫓지 못하는 귀신도 있는데, 그러한 귀신은 오직 간절한 기도를 통해서만 내어쫓을 수 있다. 찬양을 동반한 지속적인 기도와 때로는 금식이 귀신으로부터의 해방을 가져다주는 믿음의 분위기를 만들어 준다.[25)]

마가복음의 이 성경본문은 변화산에서 우리 주님이신 예수의 변모 사건 다음에 나온다. 예수께서는 가장 친밀했던 세 제자들과 함께 동행하셨다. 그들은 거기에서 예수와 함께 그의 죽음과 부활과 그의 중요한 속죄의 죽음에 대해 이야기를 하는 모세와 엘리야를 만났다(눅 9:30~31). 구세주와 율법을 대표하는 사람과 예언자를 대표하는 사람이 함께 만난 것이다. 신약의 사도들과 구약의 예언자들이 그들의 중심에 계신 영광된 그리스도와 함께 만났다(마 17:1~13; 막 9:1~13; 눅 9:27~36; 요 12:23~28). 그것은 모든 세대의 성도들에게 충만한 구속의 권능을 가져다줄, 어떤 것과도 비교할 수 없는 사건의 예시였다.

산골짜기 아래에서, 괴로워하는 소년을 가운데 두고 걱정스럽게 예수를 기다리며 많은 사람들이 말다툼을 하고 있었는데, 베드로와 야고보 그리고 요한이 돌아와 그들을 도왔다. 산 아래 남아 있

25) Ibid., 1486, "Kingdom Dynamics: Cultivating a Climate of Faith for Healing."

던 제자들은 귀신들린 아이를 고쳐 줄 수 있는 제자들의 능력에 대하여 믿지 않는 서기관들과 논쟁하고 있었다(막 9:14). 그들은 귀신을 내쫓으려고 노력했지만 성공하지 못하였다. 그 아이의 아버지는 비통하게 울며 예수께 "당신의 제자들은 능히 하지 못하더이다. 만약 당신이 할 수 있다면 우리를 불쌍히 여기시고 도와주소서"라고 간청했다.

치유가 불가능한 분위기였다.

1) 평화와 조화의 분위기가 아닌 논쟁과 다툼의 분위기였다.

2) 불신의 분위기였다. 서기관들과 그들의 지지자들은 예수의 지배권을 부인하였고, 그가 자주 바알세불에 의해 귀신을 쫓는다고 고소하였다.

3) 다툼과 불신은 그 아이의 아버지로 하여금 당황과 의심을 갖게 하였다.

4) 제자들의 실패는 예수께서 그들에게 이전에 주셨던 은사에 대한 그들의 확신을 흔들어 놓았다.

5) 거기에 모여 있던 다른 사람들은 당연한 문제에 대하여 각기 자신의 견해를 표명하면서 놀라워하고 있었다.

- 앞으로 더 나아가기 전에, 위의 다섯 가지 사항에 대하여 깊이 생각해 보라. 그것들은 오늘날 어떻게 나타나고 있는가?

완전하고도 하나님의 영광을 드러내는 치유가 일어나도록 하기 위하여 어떠한 분위기(climate)가 필요한가를 살펴보자.

긍정적인 믿음의 분위기

예수님 자신도 불신 풍토가 만연한 곳에서는 많은 기적을 행하지 않으셨다(마 13:5, 58). 위대한 의사이신 예수께서도 어느 정도 치유 사역에 제한을 받으셨다고 할 때, 오늘날 믿는 자들의 회중이나 손잡고 기도하는 장로들의 모임과 같은 믿음과 확신의 분위기 속에서 그리고 여러 사람의 마음이 하나가 된 가운데 성령의 기름부음 받은 설교를 듣고, 여러 사람들이 치유 간증을 하고 찬양과 경배를 드리는 곳에서, 치유의 역사가 그렇지 않은 곳에서보다 더 많이 일어나고 있음은 놀랄 만한 것이 못된다.

귀신 들린 소년의 치유 이야기에서, 예수께서는 마태복음 17장 20절에 나오는 것처럼 제자들이 그 아이를 치유하지 못한 이유에 대해 설명하셨다. "너희 믿음이 적은 연고니라 진실로 너희에게 이르노니 너희가 만일 믿음이 한 겨자씨만큼만 있으면 이 산을 명하여 여기서 저기로 옮기라 하여도 옮길 것이요 또 너희가 못할 것이 없으리라."

다음의 성경구절들을 읽고, 각각의 사건들 속에 나타난 믿음에 대하여 설명하라.

- 마태복음 9:27~30

- 마태복음 15:21~28

- 마태복음 21:18~22

- 마가복음 5:27~34

조화와 합심의 분위기

예수께서는 제자들에게 다음의 약속을 하셨다. "진실로 다시 너희에게 이르노니 너희 중에 두 사람이 땅에서 합심하여 무엇이든지 구하면 하늘에 계신 내 아버지께서 저희를 위하여 이루게 하시리라 두세 사람이 내 이름으로 모인 곳에는 나도 그들 중에 있느니라"(마 18:19~20).

예수와 그의 세 제자는 세상에서 서글픔과 괴로움을 겪고 있는 이들을 위해 하늘의 영광을 가지고 변화산에서 내려왔다. 그리고 그들을 기다리고 있던 제자들을 만났을 때, 그들은 신학적인 충돌의 분위기에 휩싸이게 되었고 실패할 것을 염려하였다. 믿는 자들이 불신자들과 논쟁하고 있었다. 귀신들린 사람의 형용할 수 없는 무거운 고통을 없애 주려고 시도하였지만 헛수고였다. 평화의 왕이요 영광의 주님이신 예수의 나타나심은 논쟁에서 기대로, 의심에서 소망으로, 절망에서 확신의 분위기로 변화시켰다. 예수가 계신 곳에서는 죽은 희망이 다시 살아난다.

성도들에게 모든 교회의 예배에서 주님의 임재의 중요성을 끊임없이 상기시켜 주는 것이 필요하다. 우리는 의심이나 불성실, 충돌, 의심 등의 태도나 모든 생각을 뒤로 하고, 기대하는 마음을 갖고 성전에 들어가야만 한다. 하나님의 집에서 영과 혼, 마음, 몸의 치유를 위한 분위기를 만드는 것은 매우 중요하다. 사람들이 한마음이 될수록 예수께서 분명히 함께하셔서 더 많은 치유가 일어나게 된다.

용어 설명

합심하여(일치하여, with one accord). 호모튜마돈(homothumadon). '만장일치', '서로 동의함', '그룹이 하나가 되는 것', '한마음과 같은 목적을 갖는 것'. 제자들은 새롭게 세워진 교회에서 지적으로, 감정적으로, 그리고 의지적으로 하나가 되었다. 그렇게 하나가 될 때마다 '호모튜마돈'은 행동으로 이끄는 조화를 보여준다.[26)]

26) Ibid., 1624, "Word Wealth: 2:1 with one accord."

다음 구절을 연구하고, 특별한 단어들로 표현된 공통 요소에 주목하라. 그것들은 무엇인가? 또한 각 상황에서 그러한 분위기의 결과들을 기록하라.

- 사도행전 1:14

- 사도행전 2:1

- 사도행전 2:46

- 사도행전 4:24

- 사도행전 5:12

- 사도행전 8:6

겸손의 분위기

제자들에게는 서기관들과 논쟁을 벌인 것보다 더 큰 잘못이 있다. 우리는 마가복음 9장 33~37절에서 믿음에 방해가 되는 것을 발견하게 되는데, 그것은 겸손하지 못한 것이다.

용어 설명

어린아이와 같음(childlikeness). 예수께서는 권위를 다른 사람에 대한 지배권과 연관시키는 인간의 경향에 대하여 지적하신다. 하나님 나라의 삶을 살아가는 데 있어서의 지배 또는 권위는 다른 사람을 지배하거나 자신의 유익을 위해 사용하도록 주어진 것이 아니다. 그것은 승리에 넘치는 그리고 풍성한 삶을 살아가고, 지옥의 권세를 파멸시키기 위해 주어진 것이다. 하나님은 우리가 권위를 바로 그렇게 사용하기를 원하신다. 예수께서는 우리에게 어린아이와 같이 겸손하고 종과 같은 마음을 지니라고 말씀하셨다(요 13:1~17). 이는 믿는 자가 어떤 정신으로 그리고 어떤 방식으로 그들에게 주어진 권위를 하나님 나라의 권세의 대리자로서 사용해야 하는지를 보여준다(막 10:14~15, 19:14; 눅 18:16, 17을 보라).[27]

예수께서 변화산에 올라가 계시는 동안에, 산 밑에 남아 있던 제자들은 그리스도가 세우실 왕국에서 누가 첫째 자리에 앉을 것인

27) Ibid., 1439, "Kingdom Dynamics: Childlikeness."

가, 누가 가장 큰 명예를 얻게 될 것인가, 누가 가장 높은 사람이 될 것인가 하는 것들에 관해 논쟁을 하고 있었다. 예수님은 우리 모두의 이기적인 야망을 알고 계신 것처럼, 그들의 생각과 추론을 완전히 알고 계셨다. 예수님은 사람들이 둘러서 있는 가운데에 작은 아이를 세워 놓고, "이 아이가 너희가 본받아야 할 모델이다. 만약 너희가 다스리는 자가 되기를 원한다면 종이 되어야 한다. 하나님의 왕국에서 큰 사람들은 모두 종이다"라고 선언하셨다.

- 빌립보서 2장 1~5절을 읽으라. 겸손이라 불릴 수 있는 행동들과 속성들을 열거하라.

관심과 인도의 분위기

예수님은 기적 자체보다는 이 사건에 대해 더 많은 관심을 가지셨다. 이 소년에게 치유가 절실하게 필요했던 것처럼 그 아버지에게는 확신과 인도가 절실하게 필요했다. 주님은 "언제부터 이렇게 되었느냐?"고 질문하셨다.

예수님과 그 소년의 아버지의 대화가 성경에 기록되어 있는 것보다 훨씬 광범위했음은 의심할 바 없다. 성경의 기록은 예수께서 귀신 들린 자의 아버지의 좌절과 걱정을 진단하고 또 치료했음을 분명하게 보여준다. 예수께 그 아버지의 치유는 그 아들의 치유를 위해 필수적인 것이다. 종종 가족 전체가 영적으로 치유되어야만 병든 자가 치유되는 경우도 있다.

예수께서 야이로의 딸을 치유하셨을 때(막 5:35~43), 그는 호기심을 갖고 있는 사람들을 다 내보내고 믿는 제자들과 부모들만 죽어 있는 소녀가 누워 있는 방으로 들어오게 하셨다. 그가 '달리다굼'(소녀야, 일어나라!)이라고 말씀하셨을 때, 예수님은 영적인 치유가 필요한 가족들을 위하여 분명한 아람어로 집 안에서 이야기하셨다. 때때로 병자의 치유를 위하여 전체 환경의 치유, 즉 분위기의 변화가 있어야 한다.

- 사람들이 어떤 상황에 있을 때 치유를 위해 기도해 달라고 자주 요청한다고 생각하는가? 그들에게 정말 필요한 것은 현명한 상담과 그들의 행동의 변화일 때가 많다. 생각나는 것이 있으면 그런 예들을 제시해 보라.

의지(dependence)의 분위기

귀신 들린 소년의 아버지가 예수님에게 "만약 당신이 무엇이든지 할 수 있거든 우리를 불쌍히 여기고 우리를 도와주소서"라고 말한 데서 드러나는 것처럼 그는 낙담한 가운데 있었다. 만약 그가 예수님의 전능에 대해 의심하였다면 그는 예수님의 불쌍히 여김에 대한 믿음은 어느 정도 갖고 있었다. 앞에서 살펴본 대로 어떤 사람들은 기적은 오직 그리스도의 신성을 확증하기 위해서만 행해졌다고 믿으며, 사도 시대가 끝남과 동시에 예수의 육체의 치유 기적도 그치게 되었다고 주장한다.

우리는 예수께서 그의 동정심 때문에 아주 많은 경우에 치유하셨음을 믿는다. 만약 예수께서 한 번이라도 불쌍히 여기는 마음에서 치유해 주신 적이 있다고 하면, 그는 반드시 아직도 같은 연민을 갖고 계신다. 왜냐하면 그는 영원히 동일하시기 때문이다(히 13:8).

만약 예수께서 오직 그의 신성을 증명하기 위해 치료하셨다면, 성경의 저자들은 그의 동기에 대해서 잘못 이해했던 것이다. 그 소년의 아버지는 예수의 동정심에 호소하였다. 예수는 그 아버지에게 "만약 내가 무엇이든지 할 수 있다면? 나는 사람들을 진실로 사랑하기 때문에 사탄의 나라로부터 그들을 속량키 위해 사랑 안으로 왔지만, 나의 모든 구원의 축복을 위한 조건은 '믿음'이다. 어느 누구도 행함으로 몸이나 마음의 신유를 받을 수 있는 사람은 없다. 그러나 만약 당신이 '믿는다면' 모든 것이 가능하다"라고 말씀하시는 것이나 다름없다.

그 소년의 아버지는 "주여 제가 믿나이다!"라고 대답하였다. 그는 괴로워하는 아들을 예수께 데려오기 충분한 믿음이 있었다. 그러나 제자들이 귀신을 내쫓지 못하는 것을 보고는 그의 마음이 의심으로 채워졌다. 우리 역시 마찬가지였을 것이다. 그러나 그 아버지는 그 영혼의 깊은 곳으로부터 이렇게 외침으로 그의 신뢰심을 표현하였다. “나의 믿음 없는 것을 도와주소서!”

- 어떤 방법과 상황 속에서 당신의 믿음이 자랄 수 있다고 생각하는가? 당신의 생각을 반영하는 기도문을 써 보라.

우리의 믿음을 증진시키는 데는 여러 가지 방법이 있다.

1) “믿음은 들음에서 오며, 들음은 하나님의 말씀을 들음이니라.”

2) 믿음은 기도로부터 오고, 우리의 믿음의 성상을 기도의 세목으로 삼고 기도할 때 믿음이 자라게 된다.

3) 믿음은 믿음을 실천할 때 자라게 된다. 우리가 행하는 모든 일들 가운데서 우리를 도와주시는 하나님을 신뢰하면 할수록 믿음이 더욱 깊어지게 되어 큰 도전을 할 수 있게 한다. 치유가 일어날 수 있는 환경을 만드는 최상의 방법은 모든 사람들이 합심하여 주님을 완전히 의지하는 것이다.

찬양과 기도의 분위기

예수께서 귀신 들린 소년을 고치신 후에, 예수의 제자들은 “우리는 왜 그것을 쫓아내지 못하였나이까?” 하는 걱정스러운 질문으로 그에게 접근하였다. 그들은 전에 귀신을 축출하였다. 이러한 질문에 대해 여러 가지 답을 할 수 있을 것이다. 그리고 우리는 앞에서 그러한 답들 가운데 몇 가지를 제시했다. 그러나 이 소년은 특별한 형태의 귀신 들림으로 고통당했으며, 따라서 제자들이 전에 알지 못했던 새로운 형태의 치료법이 요구되었다. 그 소년의 사탄의 묶임의 종류는 단순한 엑소시즘(exorcism)으로 극복할 수 없었다. 사탄의 일을 파괴시키기 위해 오신 예수님은 귀신을 쫓아내고, 그의 제자들이 오직 기도와 금식으로 그와 같은 종류의 묶임을 풀 수 있다고 말씀하셨다.

금식(fasting)이라는 단어에 의문이 있다. 그것은 초기의 기록에서는 발견되지 않지만, 새 흠정역(New King James Version)의 본문은 **금식**이라는 단어가 나오는 '대다수'(Majority) 사본을 따랐다(역자 주: 한국어 흠정역 성경에는 '기도'만 나온다). 그럼에도 불구하고 일반적인 견해는 그 소년을 묶고 있는 것들은 오직 초자연적으로 부여된 능력의 기도에 의해서만 치유될 수 있다고 본다.

신약성경의 치유의 언약과 연결하여 야고보는 "의인의 간구는 역사하는 힘이 많으니라"고 말한다. 성령의 능력으로 우리의 기도가 힘을 얻게 되기까지는 시간이 소요되며, 또한 기도에 거룩한 집중을 해야 한다.

추가 설명

영적인 전투에서의 효과.

야고보는 믿는 자의 정상적인 능력을 넘어서는 하나의 기도의 단계를 그리고 있다. 이 기도는 성령의 직접적인 개입에 의해 신적인 힘을 얻는다. 헬라어로 '열렬한' 이라는 단어는 '효과적인, 혹은 효과적으로 만드는 것' 을 의미한다. 기도는 '의로운 사람에 의해 드려졌을 때 효과적인 것' 이라고만 말하는 것은 본문의 의미를 약화시킨다고 번역자들은 생각한 것 같다. 그래서 많은 번역자들이 이 단어를 첨가시켰는데, 이는 납득할 만한 일이다.

헬라어 '에너지오' (energeo)라는 단어를 충분히 이해하기 위해 우리는 그 단어가 사용된 다른 구절을 살펴보는 것이 필요하다. 바울은 이 단어를 하나님의 말씀의 권능을 묘사할 때 사용하였다. 그는 하나님의 말씀이 신도들 가운데서 특별한 힘(energy)으로 역사하고 있다고 말했다(살전 2:13). '에너지오' 라는 헬라어 속에 담겨져 있는 근본적인 약속은 '효과적으로 일하는' 어떤 것이다. 그러나 그것은 오직 '믿는 자' 들 안에서만 작용한다.

이 본문에 적용시키면, 이것은 우리의 기도가 성령의 권능에 대하여 힘을 얻을 때, 우리의 기도를 통해 무슨 일인가 일어나게 된다는 것을 의미한다. 우리의 기도는 역사한다.[28]

28) Ibid., 1902, "Kingdom Dynamics: Effectivity in Spiritual Warfare."

기도를 통한 영적 전쟁은 어둠의 세력과 대항하는 데 상당히 필요하다. 바울은 골로새의 믿는 자들에게 그들을 위한 그의 기도 내용에서 "이를 위하여 나도 내 속에서 능력으로 역사하시는 이의 역사를 따라 힘을 다하여 수고하노라 내가 너희와 라오디게아에 있는 자들과 무릇 내 육신의 얼굴을 보지 못한 자들을 위하여 어떻게 힘쓰는 것을 너희가 알기를 원하노니"(골 1:29~2:1)라고 기록하였다.

바울은 **수고하다**, **힘을 다하다**, **힘쓰다** 등과 같은 용어를 그들을 대신해서 영적인 전쟁을 치르는 그의 방법을 묘사하기 위해 사용하였다. 치유와 악령으로부터의 해방을 위해 협력적이고 집중적인 기도보다 더 좋은 분위기는 있을 수 없다.

최근 교회에서는, 잃은 자를 찾고 치유를 필요로 하는 사람들에게 전인적인 치유가 일어나도록 교회의 일을 방해하는 모든 세력들에 대항하여 영적인 전쟁을 함에 있어서 강렬한 기도가 얼마나 필요한가 하는 것을 새롭게 인식하고 있다. 교회는 사도 바울의 도전에 새롭게 반응하고 있다(엡 6:10~11 참조).

골로새서 4장 12절에서 바울은 우리의 싸움 영역을 다시 인식시켜 주고 있다. "그리스도 예수의 종인 너희에게서 온 에바브라가 너희에게 문안하니 저가 항상 너희를 위하여 애써 기도하여 너희로 하나님의 모든 뜻 가운데서 완전하고 확신 있게 서기를 구하나니."

'애써'로 번역된 헬라어 '아고니조마이'(agonizomai)는 보통 '싸움', '노력', '투쟁', '분투' 등으로 번역된다. 이 단어는 명백하게 '전투'(warfare)와 관련되어 있다. 바울이 "나는 선한 싸움을 싸우노라"라고 말했을 때 같은 단어를 사용하였다. 그는 "믿음의 선한 싸움을 싸우라"(딤전 6:12)고 훈계할 때에도 이 단어를 사용하였다. 믿는 자의 전쟁은 보이지 않는 악한 힘들과의 싸움으로, 그의 유일하고 진실된 효과적인 무기는 성령의 기름 부음을 받은 집중적인 기도이다.

로마서 15장 30~31절은 영적인 전투에서의 기도의 중요성을 생생하게 설명해 주고 있다. "형제들아 내가 우리 주 예수 그리스도로 말미암고 성령의 사랑으로 말미암아 너희를 권하노니 너희 기도에 나와 힘을 같이하여 나를 위하여 하나님께 빌어 나로 유대에 순종치 아니하는 자들에게서 구원을 받게 하고 또 예루살렘에 대한 나의 섬기는 일을 성도들이 받음직하게 하고." 바울은 로마 여행을 계획했지만, 먼저는 예루살렘을 방문하기를 원했다. 그는 예루살렘에서 그를 반대하고 있다는 것을 잘 알고 있었지만, 가난한 성도들을 위해 헌금을 모았으며 그의 계획이 실행되기를 원하였다.

그는 이방인들로부터의 사랑의 행동을 통해 그의 사역에 대한 반감이 치유되기를 원했다. 그는 오직 집중적인 기도만이 상처를 치료할 수 있다는 것을 알았다. 그 기도는 응답되었다. 하지만 그가 기대하였던 방법대로 이루어지지는 않았다. 그는 적들을 피해 로마로 가게 되었으나 체포되어 재판을 받고 차꼬에 채인 채 로마를 향해 가게 되었다. 그런데 도중에 그가 탄 배가 난파를 당하게 되었다. 이로 인해 우리는 에베소서, 빌립보서, 골로새서, 빌레몬서와 디모데후서와 같은 책들을 가질 수 있게 되었다.

로마로 여행하는 가운데 그는 멜리데 섬에서 복음을 전파하였다. 그는 죄수로서 로마에서 쓴 빌립보서에서 "나의 **당한 일**이 도리어 복음의 진보가 된 줄을 너희가 알기를 원하노라"고 말하고 있다(빌 1:12).

적용

지금까지 우리는 어떻게 하면 치유를 위한 최적의 환경을 만들 수 있는가를 살펴보았다. 변화산에서의 하산 직후 예수님의 귀신들린 소년의 치유 이야기에서 우리는 치유에 도움을 줄 수 있는 요소들을 발견하였다. 사복음서 가운데 세 곳에서 이 사건을 기록하고 있는데, 이를 통해 우리는 주님께서 이 이야기를 통해 우리에게 어떤 패턴을 제시해 주고자 하셨음을 알 수 있다. 이 이야기에서, 많은 상황들이 기적의 치유를 더욱 어렵게 하거나 방해하는 것으로 나타났다. 치유의 장애물들은 싸움, 이기주의, 좌절과 불신앙이며, 치유를 돕는 가치 있는 것들은 합심, 겸손, 믿음, 인내, 기도와 영적인 전투이다.

결론적으로, 이 장에서의 요점을 다시 살피고 그 원리들을 당신 자신의 믿음 생활에 어떻게 적용할 것이지 생각해 보라.

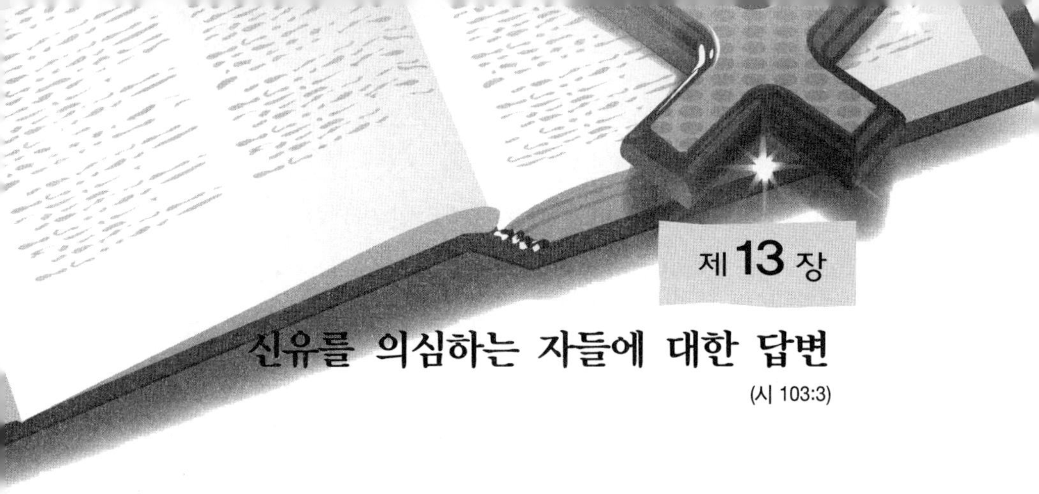

제 13 장

신유를 의심하는 자들에 대한 답변

(시 103:3)

건전한 신학은 단순히 올바른 성경의 가르침이다. 성령의 권능에 의한 신유는 올바른 교리인가? 물론 많은 사람들은 성경을 믿지 않는다. 일반적으로 성경을 믿는 사람들이라고 해서 그들이 다 신유나 다른 기적들을 믿느냐 하면 그렇지도 않다. 예수 시대의 사람들이라고 해서 모두 기적, 특히 신유가 일어날 것이라고 믿지도 않았고, 또 오늘 일어날 것이라고 기대하지도 않는다.

이 책에서의 우리의 기본 입장은, 부활과 승천을 통해 완성된 십자가에서의 그리스도의 속죄 사역은 모든 교회 시대의 모든 사람들에게 효력이 있다는 것이다. 이 장에서 우리는 신유에 반대하는 사람들에게 답을 주기 위해 노력할 것이다.

1. 아마도 신유에 대한 가장 일반적인 반대는 그것이 과학적이 아니라는 것이다[이 책에서 '신유'(divine healing)는 '나사렛 예수 그리스도의 이름으로 성경을 믿는 믿음의 기도를 통하여 병든 자와 고통당하는 자를 치유하거나 귀신 들림으로부터 벗어나게 하는 하나님의 권능'을 의미한다].

그러한 사람들은 기적의 어떤 종류도 반대하는 견해를 취한다. '기적의 시대는 지나갔다'는 것이 그들의 공통적인 주장이다. 이들은 '기적'을 자연법과 반대되는 어떤 것으로 정의한다. 그러나 그러한 정의에는 문제가 있다. 왜냐하면 우리가 알면 알수록 자연이라고 하는 것은 우리의 인식의 범위를 넘어선다는 사실을 발견하기 때문이다. 오직 '수학'만이 정확한 과학에 가깝다. 소위 법칙이라고 불리는 것들은 단순히 '확률'이다. 만약 우리가 천지를 창조하신 지적인 최고 존재자의 존재를 용납한다면 우리는 하나님께서 피조물 가운데 개입하실 수 있다고 결론지어야 한다.

자연주의(Naturalism)

자연주의자들이라고 불리는 어떤 사람들은, 만약 그들이 하나님에 대한 어떤 믿음을 갖고 있다면, 하나님이 우주를 창조하였지만 고정된 법칙에 의하여 그것 자체가 운행되도록 하고 그것을 떠났다고 믿는다. 간단히 말해서 우리의 개인적인 문제에 관심을 갖고 있는 '개인적인'(personal) 하나님 같은 것은 없다고 생각한다. 그러나 만약 인간을 창조한 최고의 지적 존재가 있다면, 그가 그의 피조물들에 대한 그의 의지와 목적을 어디에선가 알리시지 않고 그렇게 행한다는 것은 생각할 수 없다.

비록 어떤 사람들은 하나님이 자연 그 자체에서만 자신을 계시한다고 생각하지만, 자연은 우리에게 우리가 어디서 오고 어디로 갈 것인지, 왜 우리가 여기에 있는지, 우리의 창조자가 어떻게 접근할 수 있는지에 대해 말하고 있지 않다. 인간은 이러한 중요한 질문들에 대한 답변을 알고 싶어한다. 만약 하나님이 존재한다고 하면, 하나님을 알고 또 그분과 교제를 갖도록 하기 위해 우리를 하나님께서 창조하셨다고 믿는 것이 그것을 안 믿는 것보다 훨씬 쉽다.

무신론(Atheism)

우리 시대의 보편적인 이론은 물론 성경의 하나님의 존재를 부인하고 우주는 항상 존재해 왔으며, 사람은 우연한 기회에 생명의 불꽃으로부터 진화했다는 이론이다. 먼저 우주에 대한 세 가지 가능성에 대하여 살펴보자.

1) 그것은 항상 존재하였다. 그러나 열역학 제2법칙(The Second Law of Thermodynamics)은 우주가 점점 에너지를 잃어가고 있으며, 따라서 우주는 언젠가 분명히 시작된 때가 있다는 사실을 말해주고 있다. 따라서 우주가 항상 존재해 왔다고 하는 것은 불가능한 일이다.

2) 우주는 저절로 무로부터 발생되었다. 그러나 고대로부터 받아들여진 논리의 법칙은 '무로부터 무가 온다' 는 것이다.

3) 우주는 전지전능하신 하나님에 의해서 창조되었다. 이러한

믿음은 어디에 사는 사람들이든지 본래적으로 받아들였으며, 지금도 대다수의 사람들이 그렇게 믿고 있다.

인간의 생명은 단순한 바이러스(virus)나 아메바(amoeba), 즉 자연 발생적으로 움직일 수 없는 것으로부터 생길 수 있다고 하는 것은 생각할 수 없다. 짐 브룩스(Jim Brooks)라는 과학자는 《생명의 기원(*Origins of Life*)》이라는 그의 저서에서 단순한 단백질조차도 우연히 생겨날 수 없음을 지적하면서 우연히 생명이 생성될 수 있는 가능성은 없다고 주장했다.

만약 그것이 사실이라면 첫째, 우주는 항상 존재하였던 것이 아니고 둘째, 그것은 무로부터 생겨날 수 없다.

그렇다면 그것은 반드시 전지전능하신 창조자에 의해 창조되었음이 틀림없다.

만약 지적인 하나님이 인류를 포함해서 —하나님은 인류를 위한 구원의 계획을 갖고 계셨다— 모든 것을 창조하였다면 우리를 구하시기 위해 초자연적인 방법으로 개입하신 하나님이 그의 뜻에 따라서 언제나 어떤 방법으로나 개입하실 것이라는 사실을 우리는 확신할 수 있다. 수천 년 동안 인간의 사건들 가운데 초자연적으로 개입해 오신 하나님은 그의 구속의 계획에 따라 우리 가운데서 계속적으로 역사하신다. 신약성경에 기록된 것처럼 많은 병자를 고치신 그분은 사전 예고도 없이 우리에게서 그분의 자비하심을 단절시키지 않으실 것이다. 그리고 그분은 한 번도 우리들에게 그러한 예고를 하신 적이 없다. 하나님께서 치유하신다는 것을 믿고 오늘날도 치유하고 계신다는 것은 완전히 그리고 과학적으로 믿을 만하다!

2. 현재의 성경적 치유 사역을 반대하는 또 다른 이유는, 하나님께서 첫 시대에 진리와 기독교의 타당성을 확신케 하기 위해 기적을 주셨으나 지금은 그 기독교가 확립되어 더 이상 복음의 진리를 확신시키기 위해서 신유가 필요하지 않게 되었다는 것이다.

이 주장은 전제 자체가 잘못되었다. 왜냐하면 그것을 주장하는 사람들은 초자연적인 회심을 믿기 때문이다. 기적이 그치는 것이 하나님의 목적이었다고 한다면 초자연적인 회심과 중생은 더 이상 필요하지 않았다. 삶의 변화는 치유보다 더 큰 기적이다. 그렇다면 왜 더 작은 것(치유)을 가치가 없거나 쓸모없는 것으로 치부하면서 그것의 자리를 축소시키거나 없애버리려 하는가?

더구나 많은 기적들은 예수의 권위를 보여주기 위해서가 아니라 그의 동정심에서 비롯된 것임을 우리는 발견할 수 있다. 사실 예수는 치료된 사람들에게 기적에 대해 침묵을 지킬 것을 여러 번 당부하셨다. 다음의 구절들은 병든 자의 치유를 위한 예수의 동기가 그의 불쌍히 여김에 있었음을 보여주고 있다. 마태복음 9장 35~36절, 14장 14절, 20장 33~34절, 마가복음 5장 19~20절, 9장 22절, 누가복음 7장 13~14절. 적어도 다섯 구절에서 우리는 예수께 자신들을 "불쌍히 여기소서"라고 말하며 그에게 나온 사람들을 치유하셨음을 볼 수 있다(마 9:27, 15:22~28, 17:15, 20:30; 눅 18:38~39).

3. 현대 신유에 대한 세 번째 반대는, 예수께서 병자를 고치셨던 그분의 시대에는 확실하게 신뢰할 수 있는 육체의 의학이 발달되지 않았지만, 오늘날은 의학이 완전해졌기 때문에 초자연적인 치유는 더 이상 필요하지 않다는 것이다.

이 반대는 중요한 점을 놓치고 있다. 신유는 단지 육체적인 축복만이 아니다. 그것은 보다 큰 영적인 축복이다. 우리의 몸은 그리스도의 속죄의 사역에 의해서만 구속되는 성령의 전이다. 하나님께서는 우리를 값을 치르고 사셨으므로 우리는 우리의 영혼뿐만 아니라 우리의 몸으로도 주님께 영광을 돌려야 한다. 바울은 "너희 몸을 산 제사로 드리라" 고 권고하고 있다. 마음과 영혼의 건강은 육체에 영향을 미치고, 하나님에 의한 건강한 몸은 마음과 영을 강건하게 한다.

의학의 발달에 관하여 말하자면 그리스도보다 400여 년 전에 살았던 의학의 아버지 히포크라테스를 지적하여야만 한다. 사도행전과 자기 이름으로 된 복음서를 기록한 누가는 의사이며, 그의 능력은 의학적인 용어의 사용과 질병의 이해에 의해 증거되었지만, 그가 함께 기도한 것을 제외하고는 병자의 치유에서 바울을 도왔다고 시사하는 곳은 없다. 만약 하나님의 치유가 사도들의 죽음과 함께 그치도록 되어 있었다면 반드시 1세기 말에 의학에서 커다란 돌파구가 있었어야만 한다.

그러나 그렇지 않았다. 의학은 르네상스 시대까지 두드러지게 발전되지 않았다. 그리고 실제로 항생 물질을 발견한 것은 최근의 일이다. 더구나 오늘날 의료 수가는 아주 높아져 많은 사람들이 이용할 수 없으며, 따라서 신유의 필요성은 증가하고 있다.

우리는 여기에서 하나님은 치유의 요소를 가진 많은 물질을 인간에게 주셨다고 말해야만 한다. 그는 사람들에게 형언할 수 없는 축복인 치유의 치료법을 많은 헌신된 사람들에게 주셨다. 많은 기독교 기관들이 세워졌고, 그들은 질병과 고통으로 시달리는 사람들을 돌보는 병원들을 운영하고 있다. 이 모든 것들은 틀림없이 하나님으로부터 오는 축복으로 여길 수 있다. 의사들은 보이지 않는 '위대하신 의사'의 손과 함께 더욱 능숙하게 치료할 수 있다.

기독교인들은 죄책감 없이 이용 가능한 의학의 도움을 받아야 한다. 그러나 믿음의 기도의 응답으로 주어지는 성령의 권능에 의한 신유의 축복은 진실로 하나의 교회의 성례전이며, 믿는 자들에게 주어지는 특별한 축복이다. 그것은 주님의 자녀들의 고귀한 기대이다. 의학의 상대적인 상태는 실제로는 교회에서의 신유의 정당성, 필요성, 또는 위치와는 아무 관계도 없다.

4. 현대의 신유에 대한 네 번째 반대는, 사도 시대 이후 신유는 그쳤다는 것이다.

이 주장은 사실이 아니다. 기도의 응답으로 주어진 신유에 대한 수많은 확실한 간증들의 역사적 기록들이 있다. 다음은 그들의 시대에 있었던 치유에 대해서 보고한 하나님의 사람들이다.

1) 순교자 저스틴(Justin Martyr), 주후 165년. 사도 시대가 끝난 후 65년이 지난 시기였다.

2) 이레네우스(Irenaeus), 주후 192년. 치유의 은사와 병자의 치료를 위해 손을 얹고 기도한 사실을 언급하였다.

3) 터툴리안(Tertullian), 주후 216년. 모든 세대 사람들의 치유를 언급하였다. 이 치유들은 귀신의 추방을 포함하였다.

4) 오리겐(Origen), 주후 250년. 많은 종류의 질병의 치유를 언급하였다. 많은 사람들이 치유의 은사를 소유하였다.

5) 클레멘트(Clement of Alexandria), 주후 275년. 치유의 은사와 치유를 위한 금식 기도를 언급하였다.

6) 테오도르(Theodore of Mopsueste), 주후 429년(1세기 말 후에 300년 이상이 지남). 이교도의 치유를 포함하여 상당히 많은 치유 사건을 보고하였다.

7) 그레고리 대제(Gregory the Great), 주후 500년. 브리튼(Briton)에 선교사로 갔을 때 병자를 위해 기도하였고, 기름으로 그들에게 발랐다.

요한 웨슬리는 그레고리 이후로 종교개혁 때까지 치유의 사건이 별로 일어나지 않은 것은 영적인 쇠퇴에 기인한 것이라고 주장했다. 종교개혁과 함께 새로운 영적 각성이 따랐다.

8) 왈든 가족(The Waldenses), 12세기의 헌신적인 영적인 그룹. 그들의 '신앙 고백'(Confession of Faith)에서 기도의 응답으로 주어지는 신유에 대한 강건한 믿음을 표현하였다.

9) 진젠돌프(Count Zinzendorf), 주후 1725년. 모라비안 운동(연합

된 형제)을 한 사람으로, 기도의 응답으로 많은 치유의 기적이 있었음을 보고하였다.

10) 요한 웨슬리(John Wesley), 주후 1750년. 옥스퍼드 대학을 졸업하고 감리 교회를 창시했다. 그의 치유의 일기에 많은 치유 사건들을 기록하였다.

성경과 역사 모두 신유는 교회 사역에 절대 필요한 부분이라는 것에 동의한다.

5. 현대 교회의 사역으로서의 신유에 대한 다섯 번째 반대는, 만약 우리가 치유를 받아들인다면 우리 또한 죽은 자를 일으키고, 방언을 말하고, 뱀을 집으며, 독을 마셔도 해를 입지 않아야 될 것이라고 하는 것이다.

신유는 이사야에 의해 예언되었고, 마태에 의해 확인된(8장) 죄에 대한 용서와 함께 따르는 그리스도의 속죄 사역의 한 부분이다. 마가복음 16장의 지상명령은 죽은 자를 일으키는 것에 대하여 아무런 언급도 하지 않고 있고, 또한 치유의 언약 가운데 아무것도 언급하지 않았다. 교회 역사가 흐르는 동안 죽은 자를 일으킨 경우가 있긴 했지만 그것들은 기적의 예들이지, 우리에게 약속된 계속되는 복이 아니다. 하나님께서는 그의 크신 자비로 통치하시는 주님으로서 많은 일들을 하고 계시지만, 우리는 우리가 치유의 언약을 받은 것과 같은 방식으로 죽은 자를 살리는 '언약의 권리' 를 갖고 있지는 않다.

방언 말하는 것에 관하여서는 믿는 자들에게 복으로 주어지는 은사이며 기도이다. 어떤 사람은 고린도전서 13장에 나오는 "방언도 그치고"(고전 13:8)라는 구절을 제시한다. 그들은 고린도전서 13장 10절을 간과한다. 이 구절은 방언과 예언과 지식이 폐하여질 때에 관해서 말하고 있다. "온전한 것이 올 때에는 부분적으로 하던 것이 폐하리라."

마가의 지상명령은 믿는 자는 뱀을 집으며 독을 마셔도 해가 없을 것이라고 예언하고 있다. 그러나 그러한 약속들은 그런 위험들로부터 피할 수 없는 경우에 해당하는 약속들이다. 믿는 자들은 결코 하나님의 권능을 증거하기 위해 일부러 뱀을 다루거나, 독을 마시려고 시도해서는 안 된다. 사실 그렇게 하는 것은 하나님을 시험하는 죄다. 많은 선교사들은 멜리데 섬에 있었던 바울처럼 이러한 위험들로부터 보호받았음을 간증하고 있다(행 28장).

6. 신유의 교리에 대한 여섯 번째 반대는, 만약 모든 병든 자가 항상 치유된다면 아무도 죽지 않을 것이라는 것이다.

물론 성경이나 교리에 대한 정통적 교사들이 그렇게 가르치지는 않았다. 성경은 명백하게 "한 번 죽는 것은 사람에게 정하신 것이요"(히 9:27)라고 말하고 있다. 사도들은 모두 다 죽었다. 그들 중 몇은 오히려 이른 나이에 죽었다. 하나님은 보호, 공급, 치유와 다른 많은 약속을 주셨다. 그러나 물론 모든 약속들은 하나님의 통치의 더 높은 목적들에 종속된다.

바울은 빌립보서 1장에서 하나님의 섭리의 사역에 대한 좋은 예를 들고 있다(빌 1:20~26). 바울은 체포되었을 때 그가 언제든지 죽음에 처할 수 있다는 사실을 알고 있었다. 그러나 그의 열망은 단순히 살든지 죽든지 몸으로 그리스도께 영광을 돌리는 것이었다. 그는 죽는 것이 유익이지만 사는 것도 좋은 것은, 그의 사랑하는 주님을 계속적으로 섬길 수 있기 때문이었다. 마지막으로 그는 교회의 사역자로 좀더 오래 육체에 남아 있어야 한다는 것을 확신하였다.

바울은 자신의 의지를 하나님의 의지에 굴복시켰다. 그는 그의 사역과 지상에서의 삶에 대한 하나님의 계획에 완전히 순종하였다. 하나님의 약속들은 예와 아멘이지만 그 약속들은 그분의 전체 섭리에 종속된다.

우리는 모든 자녀들을 위한 하나님의 일반적의 의지는 영과 육의 건강이라는 것을 알고 있다. 우리는 항상 우리의 어떤 삶의 상황이 그리스도의 통치 계획과 꼭 맞는지 식별하지는 못하지만, 실제적인 경험 속에서 우리는 그의 말씀 안에서 그의 약속들 위에 서 있다. 우리는 때때로 어떻게 기도해야 할지 알지 못하지만, 그때마다 하나님의 영은 그의 기도의 언어 가운데 우리를 통해 기도하신다(롬 8:26~27).

7. 치유의 교리에 대한 일곱 번째 반대는, 신약성경에 그리스도인 일꾼들이 병든 것과 같은 실패한 예들이 있다는 것이다.

성경은 믿는 자가 결코 아프지 않을 것이라고 말하지 않는다. 그러나 믿음의 기도는 병든 자를 일으킬 것이라고 말하고 있다. 치유는 복종과 믿음 그리고 섭리의 때에 한정된다.

이러한 반대를 하는 사람들은 보통 바울의 육체의 가시(고후 12:7), 병으로 이별한 드로비모(딤후 4:20), 디모데의 위를 위해 포도주를 마시게 한 것(딤전 5:23) 그리고 빌립보 교회의 목사인 에바브로디도(빌 2:25~27) 등을 지적한다.

바울의 가시와 관련해서 우리는 그것이 무엇이었는지 모른다. 만약 하나님께서 우리가 알기를 원하셨다면 그것이 무엇인지 기록하셨을 것이다. 만약 우리가 알았다면 모든 종류의 사람들이 다 바울의 가시에 대해 한 마디씩 했을 것이다. 바울에게 가시를 주신 데는 분명하고도 섭리적인 이유가 있었다. 그것은 그로 하여금 그가 받은 계시들 때문에 교만해지지 않도록 하기 위한 것이었다(만약 그가 여러 번 셋째 하늘을 방문하지 않았다면, 아마도 그에게는 균형을 맞추도록 하기 위해서 가시가 주어지지 않았을 것이다!).

바울이 천막을 만들어 생계를 유지하면서 계속해서 목회를 한 점과 그가 많은 여행에서 돌을 맞았으며, 여러 번 배가 난파되었고, 여러 번 투옥되었음을 고려해 볼 때, 우리는 그가 아주 강건하였다는 결론을 내릴 수 있다. 고린도후서 11장에서 그는 그가 얼마나 수고하고 고난과 핍박을 받았는가를 나열하고 있지만 병들었다는 언급은 없다.

드로비모의 병에 대한 언급은 너무 간단하여 우리는 그에 관하여 아무것도 알 수가 없다. 많은 경우에 치유는 즉각적으로 일어나지 않는다. 우리는 드로비모의 믿음이나 영적인 상태에 대해 아는 것이 없다. 더구나 우리는 교회의 근거를 사람이나 그들의 환경에 두지 않고, 하나님의 말씀과 그것의 약속들에 둔다.

디모데에게 그의 위를 보호하기 위해 포도주를 취하라는 바울의 충고는 의학적인 제안도 아니고 포도주를 마시도록 부추기는 것도 아니었다. 디모데가 오염된 물을 마시지 못하도록 하기 위한 경고였다.

에바브로디도의 경우는 신유를 뒷받침한다. 왜냐하면 하나님께서 그를 치료하셨기 때문이다(빌 2:25~28). 에바브로디도는 감옥에 갇혀 있는 바울에게 헌금과 소식을 전하기 위해 빌립보에서 로마까지 힘든 여행을 하다가 병을 얻게 되었다. 바울은 에바브로디도의 병 때문에 큰 근심을 했었다. 왜냐하면 바울의 젊은 동역자인 그가 죽게 되면, 귀중한 동료를 잃게 되기 때문이었다. 그 젊은 목사의 병은 바울에게 좋은 것들을 가져다주기 위한 그의 지나친 열심의 결과였기 때문에 그의 죽음은 바울 사도에게는 굉장한 슬픔이 될 수밖에 없었다. 하나님은 그를 치료하심으로 바울과 에바브로디도 둘 다를 구하셨다. 우리는 에바브로디도가 완전히 치유되었음을 알 수 있다. 왜냐하면 그는 빌립보로 되돌아갈 준비가 되어 있었기 때문이다.

8. 신유에 대한 여덟 번째 반대는, 신유는 정신적인 것과 영적인 경험보다 육체를 더 강조한다는 것이다.

불유쾌한 증상들을 제거하기 위해 그리고 이기적인 목적으로 건강을 즐기기 위해 신에게 육체적인 치유를 구하는 사람들도 얼마든지 있을 수 있다. 그러나 예수께서 그의 사랑과 자비를 보여주고, 우리를 주님과 다른 사람들의 더 나은 종으로 만들기 위해 치유하신다는 것은 사실이다.

우리 구속의 한 부분이 되는 신유는 주님과 우리의 관계(relationship)를 완성시키기 위해 주어진다. 그는 우리의 영혼과 몸 모두를 구속하셨다. 또한 우리의 영혼과 몸 모두 그분의 것이다. 바울은 고린도전서 6장 19~20절에서 "너희 몸은 너희가 하나님께로부터 받은 바 너희 가운데 계신 성령의 전인 줄을 알지 못하느냐 너희는 너희의 것이 아니라 값으로 산 것이 되었으니 그런즉 너희 몸으로 하나님께 영광을 돌리라"고 기록하였다. 신적인 건강은 몸으로 하나님을 영화롭게 한다.

신유의 목적은 영적인 것이다. 그것은 우리를 주님께로 이끈다. 예를 들면, 소경된 거지인 바돌로매가 치유를 받았을 때, 만약 신유가 단지 그의 질병만을 치료하기 위해 주어진 것이었다면 그는 그가 전혀 보지 못했던 사람들을 보기 위해 집으로 돌아갔을 것이다. 그러나 여행 가운데 계시는 예수를 따라가며 그에게 찬미와 영광을 돌렸다(눅 18:35~43). 그의 치유는 그를 자유롭게 하여 그가 하고 싶은 것을 하도록 하기 위해 주어진 것이 아니었다. 그것은 그를 자유케 하여 주님을 가까이 따르는 자가 되게 하기 위한 것이었다.

예수의 옷자락을 만진 여인의 경우, 그녀는 비밀리에 예수를 만지고는 몰래 떠나갈 생각을 했었다. 그러나 예수는 즉각적으로 누가 그를 만졌는지 아시고는 그녀로 하여금 그녀의 행동을 고백하도록 만드셨다. 예수께서는 그의 치유 축복 배후에 있는 영적인 목적을 그녀가 알기를 원하셨다. 예수께서는 그녀가 그분의 일부를 받았다는 사실을 알게 되기를 원하셨다. 그녀는 **무엇인가**(something)를 얻기 위해 왔으나 **누군가**(somebody)를 얻게 되었다. 치유는 항상 하나의 관계를 형성한다. 만약 그렇지 않다면 치유는 지속되지 않을 것이다.

치유는 성령의 사역이다. 그것은 마술적인 만짐이나 천국의 묘약(celestial pill)이 아니다. 치유는 때때로 죄의 고백이나 불법을 바로잡는 것을 요구한다. 치유는 다른 사람들과의 바른 관계를 맺을 것을 요구할 뿐만 아니라 우리와 우리 주님의 관계를 확고히 해준다. 병자를 위한 기도의 은사를 받은 대다수의 사람들은 치유의 증거를 갖고 있는 사람들임이 드러났다. 한편 치유는 성령의 강력한 임재 가운데 더 많이 일어난다.

9. 아홉 번째 반대는, 가끔 치유의 교리가 오직 잘못된 이교도들에 의해서만 발전되었다고 반박한다.

주님은 완전한 복음이 반드시 마음과 영혼을 위한 치유의 메시지가 되어야 한다고 강조하셨다. 영적으로 쇠퇴하던 교회의 암흑기에는 영적인 성과들도 빈약하였다. 종교개혁과 함께 믿음에 의한 의의 복음이 회복되었다. 그러나 많은 사람들이 그리스도께 돌아왔지만 성령의 사역에 대한 가르침은 매우 빈약하였다.

진젠돌프나 웨슬리 같은 몇 명의 개혁자들이 치유의 가르침을 복원하긴 하였지만, 치유가 교회의 한 사역이 되지는 못했다. 공백기 동안 비정통적인 가르침들이 많은 병자들에게 인기가 있게 되었다. 사탄은 교회의 본체가 외면하는 진리들을 취해서 그것들을 자신의 목적을 위하여 왜곡시킨다. 만약 교회가 예수의 '병든 자를 치유하라' 는 명령에 복종하였다면 이교도의 치유 제의들의 대부분은 호소력을 갖지 못했을 것이다.

대부분의 이교도의 치유는 전혀 신유가 아니다. 그것은 '물질 위의 마음' (mind-over-matter)으로 범신론적인 철학이다. 그중의 많은 것들이 현대의 뉴 에이지(New Age) 가르침에서 발견된다. 그러나 정통적인 신유의 교리는 그리스도께서 십자가에서 속죄 사역을 완성하신 것과 동정녀 탄생, 그의 신성, 부활, 믿는 자 안에 거하심, 성령의 완전한 사역, 그리고 그의 재림 등과 같은 역사적인 교회의 근본적인 가르침들을 포함한다. 치유의 사역은 이러한 영원한 진리들과 접목될 때만이 건전한 것이 되며, 잘못된 길로 벗어나지 않게 된다.

10. 열 번째의 반대는 이사야에 의해 예언된 바 있는 속죄의 치유의 교리를 거절하는 사람들로부터 제기된다.

그들은 "우리 연약한 것을 친히 담당하시고 병을 짊어지셨도다" 라는 이사야의 예언이 마태복음 8장 16~17절에서 완전히 성취되었다고 주장한다. 즉, 8장 17절의 '성취되었다'를 이사야 예언이 **완전하게** 성취되었음을 의미하는 것이라고 해석하는 것이다.

이것이 불합리한 이론이라고 하는 것은 다음 사항들을 고려해 볼 때 분명하게 드러난다.

① 이사야 53장에는 그리스도의 십자가의 사역에 대한 이사야의 위대한 예언이 나온다. 여기에는 치유에 대한 진술이 속죄에 대한 진술과 더불어 나란히 나오고 있다. 이와 같은 중요한 예언이 예수께서 어느 날 행하신 몇 가지 치유로 성취되었다고 볼 수 없다.

② 만약 그러한 몇 개의 치유가 이사야의 예언을 성취했다고 하면 수천의 치유 사건이 따르지 않았을 것이다.

③ 만약 속죄 안에 포함되어 있는 치유가 한 그룹의 치유로 말미암아 정지되었다면, 왜 베드로는 "친히 나무에 달려 그 몸으로 우리 죄를 담당하셨으니 이는 우리로 죄에 대하여 죽고 의에 대하여 살게 하려 하심이라 저가 채찍에 맞음으로 너희는 나음을 얻었나니"(벧전 2:24)라고 말하였겠는가?

④ 만약 몇 개의 치유가 이사야의 전체의 예언—십자가 사역을 통한 치유를 성취한 것이라면, 어떻게 우리는 죄에 대한 모든 용서가 사마리아 여인이 말한 것처럼 한 사람의 회심에 의해 성취되지 않았다고 확신할 수 있는가?

⑤ 예언을 자세히 살펴보면, 그것은 오직 갈릴리에서 몇 명의 병

자만을 의미하지 않는다는 것을 발견하게 될 것이다. 왜냐하면 그것은 '우리의 약함과 우리의 병들'을 말하고 있기 때문이다. **우리**라는 단어는 그 약속을 우리 모두를 위한 —하나님의 영은 영원하신 말씀을 우리에게 주셨다— 영원한 축복으로 만든다.

⑥ 마지막으로 만약 우리가 **이루다**(fulfilled)라는 단어가 사용된 마태복음 12장 17~21절을 자세히 살펴본다면, 우리는 그 단어가 전체 교회 시대에 걸쳐 나타난 성취들에 대한 언급일 수도 있음을 발견하게 된다.

예수께서 이방인들에게 정의를 선포하는 것을 완료하셨는가? 예수께서 정의를 승리에 전하는 것을 완료하셨는가? 그분의 이름이 열방들이 신뢰하는 이름이 되기를 그쳤는가? 분명하게 아니다. **이루다**(fulfilled)라는 단어의 충분한 연구는, 이 단어가 일어난 일은 예언의 성취의 시작임을 의미한다는 것을 보여줄 것이다.

11. 마지막으로 치유에 대한 열한 번째 반대는, 속죄 가운데 있는 치유(healing in the Atonement)의 교리가 치유를 받지 못한 모든 믿는 자들에게 부정적인 영향을 미친다는 것이다.

이러한 주장이 꼭 맞는 것은 아니다. 그리고 이 교리는 결코 그런 의도로 만들어진 것이 아니다. 믿는 자들에게 치유가 일어나지 않는 데는 많은 이유가 있다. 모든 치유가 다 즉각적인 것은 아니기 때문에 치유된 적이 없는 사람이 있는 것이다. 사실 많은 치유는 점진적이다. 죄로부터 구원될 때 믿음은 기본적인 조건이다. 치유에 있어서도 마찬가지다. 많은 훌륭한 기독교인들, 특별히 현대에도 치유가 가능하다는 것을 의심하지 않는 가르침을 좇는 사람들도 치유에 적합한 긍정적인 믿음이 부족할 수도 있다.

또한 질병이 사람들을 시험하고 연단시키기 위한 하나님의 뜻이라고 가르침을 받은 사람들은 치유에 대한 믿음을 갖고 있지 않다. 그리고 그들은 감히 하나님의 뜻에 반대되는 치유를 위한 기도를 하려고 하지 않는다.

평범한 기독교인들이 다다를 수 없는 영적인 실재가 많이 있기는 하지만, 우리의 목표는 보통 수준을 넘어 오히려 그리스도 예수 안에서 하나님께서 위로부터 부르신 그 부르심이 되어야 할 것이다(빌 3:12~15).

가장 귀한 하나님의 축복을 받기 위하여 믿기 바란다!

판권
소유

성령의 은사 치유

2010년 8월 5일 인쇄
2010년 8월 10일 발행

편집인 | 잭 해이포드
지은이 | 나다니엘 밴 클리브
옮긴이 | 정인석
발행인 | 이형규
발행처 | 쿰란출판사

주소 | 서울 종로구 이화동 184-3
TEL | 02-745-1007, 745-1301~2, 747-1212, 743-1300
영업부 | 02-747-1004, FAX / 02-745-8490
본사평생전화번호 | 0502-756-1004
홈페이지 | http://www.qumran.co.kr
E-mail | qumran@hitel.net
qumran@paran.com
한글인터넷주소 | 쿰란, 쿰란출판사

등록 | 제1-670호(1988.2.27)

책임교열 | 이화정 · 박신영

값 9,000원

ISBN 978-89-5922-930-7 93230

* 이 출판물은 저작권법에 의해 보호를 받는 저작물이므로 무단 복제할 수 없습니다.
잘못된 책은 교환해 드립니다.